Flores de Maria

Flores de Maria

8-11-09-2.000-77.000

Direção editorial: **Flávio Machado**
Assistente editorial: **Renata Curi**
Capa (criação): **Flávio Machado**
Ilustração da capa: **John Everett Millais**
Diagramação: **Ricardo Brito**
Produtor gráfico: **Vitor Alcalde L. Machado**
Revisão: **Maiara Gouveia**
Impressão: **ORGRAFIC – Gráfica e Editora Ltda.**

Ficha catalográfica elaborada por
Lucilene Bernardes Longo – CRB-8/2082

Rosângela (Espírito).
Flores de Maria / romance do Espírito Rosângela ; psicografado pela médium Vera Lúcia Marinzeck de Carvalho. – São Paulo : Petit, 2003.

ISBN 978-85-7253-100-9

1. Espiritismo 2. Psicografia 3. Romance espírita
I. Carvalho, Vera Lúcia Marinzeck de II. Título.

CDD: 133.9

Impresso no Brasil, na primavera de 2009.

Prezado(a) leitor(a),

Caso encontre neste livro alguma parte que acredita que vai interessar ou mesmo ajudar outras pessoas e decida distribuí-la por meio da internet ou outro meio, nunca deixe de mencionar a fonte, pois assim estará preservando os direitos do autor e, consequentemente, contribuindo para uma ótima divulgação do livro.

Flores de Maria

Romance do Espírito

Rosângela

Psicografado pela médium

Vera Lúcia Marinzeck de Carvalho

petit editora

Rua Atuaí, 383/389 – Vila Esperança/Penha
CEP 03646-000 – São Paulo – SP
Fone: (0xx11) 2684-6000

Endereço para correspondência:
Caixa Postal 67545 – Ag. Almeida Lima
03102-970 – São Paulo – SP

www.petit.com.br | petit@petit.com.br

CONFORME NOVO ACORDO ORTOGRÁFICO

Livros da médium
VERA LÚCIA MARINZECK DE CARVALHO

Da própria médium:

- *Conforto Espiritual*
- *Conforto Espiritual 2*

Psicografados:

Com o Espírito Antônio Carlos

- *Reconciliação*
- *Cativos e Libertos*
- *Copos Que Andam*
- *Filho Adotivo*
- *Reparando Erros de Vidas Passadas*
- *A Mansão da Pedra Torta*
- *Palco das Encarnações*
- *Histórias Maravilhosas da Espiritualidade*
- *Muitos São os Chamados*
- *Reflexos do Passado*
- *Aqueles Que Amam*
- *O Diário de Luizinho* (infantil)
- *Novamente Juntos*
- *A Casa do Penhasco*
- *O Mistério do Sobrado*
- *O Último Jantar*
- *O Jardim das Rosas*
- *O Sonâmbulo*
- *Sejamos Felizes*
- *O Céu Pode Esperar*
- *Por Que Comigo?*
- *A Gruta das Orquídeas*
- *O Castelo dos Sonhos*
- *O Ateu*

Com o Espírito Patrícia

- *Violetas na Janela*
- *A Casa do Escritor*
- *O Voo da Gaivota*
- *Vivendo no Mundo dos Espíritos*

Com o Espírito Rosângela

- *Nós, os Jovens*
- *A Aventura de Rafael* (infantil)
- *Aborrecente, Não. Sou Adolescente!*
- *O Sonho de Patrícia* (infantil)
- *Ser ou Não Ser Adulto*
- *O Velho do Livro* (infantil)
- *O Difícil Caminho das Drogas*
- *Flores de Maria*

Com o Espírito Jussara

- *Cabocla*
- *Sonhos de Liberdade*

Com espíritos diversos

- *Valeu a Pena!*
- *O Que Encontrei do Outro Lado da Vida*
- *Deficiente Mental: Por Que Fui Um?*
- *Morri! E Agora?*
- *Ah, Se Eu Pudesse Voltar no Tempo!*

Livros em outros idiomas

- *Violets on the Window*
- *Violetas en la Ventana*
- *Violoj sur Fenestro*
- *Reconciliación*
- *Deficiente Mental: ¿Por Que Fui Uno?*
- *Viviendo en el Mundo de los Espíritus*

Descrição feita pelo Espírito Rosângela do local, no plano espiritual, em que ela foi abrigada logo após o seu desencarne.

Dedico este livro, e também agradeço, ao Gabriel, meu netinho, pela oportunidade de ser avó.

Vera Lúcia Marinzeck de Carvalho
Outono — 2003.

sumário

1

Meu cãozinho, um labrador amarelo, olhava-me com expressão triste, como se quisesse, se possível, sofrer em meu lugar.

– Bob! – balbuciei.

Ele levantou-se e aproximou-se mais de minha cama. Com esforço, passei meus dedos em sua cabeça, fazendo-lhe um carinho.

– Queria contar-lhe meu sonho – falei com dificuldade.

Bob me olhava atentamente. Talvez sentíssemos o mesmo desejo: sair correndo dali e irmos juntos a uma pracinha que ficava a dois quarteirões de casa. Éramos companheiros inseparáveis. E como eu não conseguia mais me levantar do leito, ele ficava em meu quarto, olhando-me, quietinho. Às vezes, latia baixinho, convidando-me a sair. Eu compreendia isso pelo seu olhar.

Eu estava doente havia algum tempo. Para mim, pareciam séculos. A doença faz muitos estragos na vida da gente, não só no corpo, mas em tudo e em todos à nossa volta. Sentia falta de muitas coisas de que antes desfrutava e das minhas amigas... Eram tantas... Agora, raramente vinham me visitar e, quando o faziam, ficavam com uma expressão de "coitada da Rô".

Minha família era unida e tornou-se mais ainda com as dificuldades pelas quais estávamos passando. Por causa de minha doença, os problemas aumentaram; meus pais se endividaram, meus irmãos trabalhavam mais, e todos estavam tristes e cansados.

Lembrei-me do sonho que tive.

Não contei ao Bob, meu cãozinho. Embora este sempre prestasse atenção quando eu falava, sabia que ele não me entendia.

Sonhei com minha tia Ana Elisa. Ela era tia de minha mãe, irmã de minha avó. Desencarnou jovem. Não sabia direito o porquê ou de quê, sempre existe um motivo. Acho que foi de tuberculose. Era muito bonita, como dizia vovó, que raras vezes comentava sobre o assunto. Nunca havia me interessado por essa tia, até que sonhei com ela, e foi um sonho agradável. Lembrei-me direitinho dela.

Eu sentia dores. Quando ficaram mais fracas, adormeci. Vi uma moça se aproximando sorrindo; ela passou carinhosamente as mãos em meus cabelos e falou:

– *Rosângela, minha sobrinha, sou sua tia Ana Elisa e vim para levá-la para passear.*

– Não posso sair do leito, estou muito doente – respondi.

– *Logo você estará bem e virá morar comigo. Venha!*

Ela pegou na minha mão e levantou-me. Olhei para minha cama, e lá estava meu corpo, dormindo. Não dei importância e saí com ela. Pena que, após acordar, não conseguisse recordar de tudo, apenas sentia-me descansada e com a sensação de ter saído para passear.

Contei meu sonho a todos os meus familiares. Mamãe comentou:

– Estranho você sonhar com alguém que não conheceu; nem eu a conheci. Mas se gostou do sonho, tudo bem!

Quando falei que titia Ana Elisa me disse que logo iria morar com ela, mamãe mudou de opinião.

Esse sonho foi um bálsamo para mim. É tão ruim ficar doente, sentia muitas dores, fraqueza, estava sempre enjoada e a medicação era dolorosa.

No começo, quando me senti doente, acreditei que ia melhorar. Papai me afirmou isso e eu acreditei nele, pois nunca mentira. Depois compreendi que meu pai acreditava na minha recuperação, queria tanto que isso acontecesse, que julgava certa minha cura. Mas, com o passar do tempo, as esperanças foram diminuindo.

Mamãe entrou no meu quarto sorrindo. Tentei sorrir, mas acho que ultimamente meus sorrisos eram apenas caretas. Falei:

– Mãe, sonhei de novo com a tia Ana Elisa!

– O que ela queria desta vez? O que lhe disse? – perguntou mamãe.

– Nada! Só me abraçou e me beijou.

– Não entendo por que você sonha com ela.

– A senhora não gosta que eu sonhe com a titia? – perguntei.

– Nem gosto nem desgosto. Só acho que mortos devem ficar no lugar deles. Depois, parece que ela quer levá-la – falou mamãe suspirando.

– Mamãe – expressei-me com dificuldade –, ninguém tem culpa se estou doente. Sei que todos, até a tia Ana Elisa, tentam me ajudar e sou grata por isso. Eu não tenho medo dela! A senhora acha que se eu morrer, devo ficar no meu lugar?

– Quando você morrer sim, mas não será logo, morrerá velhinha.

– Muitos morrem jovens! – exclamei.

– Não você! – afirmou minha mãe com convicção.

– Mamãe, não pense na morte dessa forma! Se morrer fosse tão ruim, Deus, que é bom, não permitiria – concluí.

– Vamos falar de outra coisa? Não gosto de conversar sobre esse assunto.

Cansei e fiquei quieta. Não compreendia bem o porquê de meus pais não gostarem de falar na morte, já que todos nós morremos.

Lembrei-me do rosto de minha tia Ana Elisa: era lindo, e seu sorriso, suave.

Pedi à vovó para ver de novo o retrato de titia, e ela o trouxe no dia seguinte.

– É com ela mesmo que sonho, vovó! – afirmei.

Passei a orar por ela, imaginava que, às vezes, titia estava perto de mim. Comentei com mamãe, que me disse:

– Você está sugestionada! Deve ter escutado tanto sua avó falar dessa irmã, que sonhou com ela. Sonhos são ficções, coisas da nossa imaginação!

Não me recordava bem dos meus sonhos, mas tinha certeza de que sonhara muitas vezes com titia e de que ela me levava a lugares bonitos. Lembrei-me de um sonho no qual vi muitas crianças alegres e cantando.

Numa manhã, acordei com muitas dores, enjoos, e passei horas tentando não reclamar para não deixar mamãe mais triste. Quando consegui dormir, sonhei com titia novamente. Assim que a vi, perguntei a ela:

– Tia, vou melhorar?

– *Não* – respondeu ela com delicadeza. – *Vai piorar e só depois melhorará.*

– Vou morrer?

Titia sorriu e confirmou com um movimento de cabeça.

Acordei com a certeza de que haveria uma mudança em minha vida. Queria que meus pais compreendessem e não sofressem tanto.

A situação financeira em casa era muito ruim. Estavam tendo muitos gastos comigo. Meus avós, os quatro, ajudavam como podiam, acho que até no que não podiam. Meus tios também auxiliavam.

Mamãe insistia para que me alimentasse. Fazia o que eu gostava, dentro da minha dieta alimentar. Acho que eles, os cinco em casa, meus pais e meus três irmãos, não se alimentavam para que não me faltasse nada. Entristecia-me, queria que fosse só eu a sofrer. Compreendia que eles se sacrificavam, mas faziam com carinho e não sentiam isso como um sacrifício.

Solange chegou do trabalho e veio me ver.

– Como está se sentindo hoje, minha irmãzinha linda?

– Bem – respondi desanimada.

– Parece preocupada. O que aconteceu?

Solange tinha dezoito anos, era muito bonita, estudava à noite e trabalhava durante o dia, por isso estava sempre atarefada. Era a única em casa que não tinha medo de falar na morte. Isso porque, segundo mamãe, ela conversava muito com uma amiga espírita. Gostava muito da companhia de minha irmã, mas não queria retê-la, pois tinha de ir à escola. Não respondi, só a olhei. Solange insistiu:

– Querida, você está com receio de alguma coisa? Está com medo da doença?

– Não sei... – respondi.

– Rosângela, a gente tem medo do desconhecido. Lembra quando foi pela primeira vez à escola? Você não sabia como era, o que acontecia lá, então não queria ir, teve receio. Mas bastou ir e em poucos dias se adaptou, gostou, fez amigos e compreendeu que a escola era um lugar agradável e de muita importância, pois lá ia aprender muitas coisas.

– Será que a morte é assim? – perguntei.

– Não estou me referindo à morte – disse Solange.

– Mas deve ser assim – falei. – Temos medo porque não sabemos o que irá nos acontecer quando os órgãos do corpo cessarem suas funções. Deve ser como ir à escola. Você tem razão, não precisamos ter medo. Se Deus é Pai Amoroso me levará para uma bonita escola, você não acha, Solange?

– Acredito que sim! – afirmou minha irmã com convicção. – Tenho certeza! Você é tão boazinha e está sofrendo tanto, que só poderá ir, após esta vida, para um lugar muito bonito. Não tema o desconhecido. Lembre-se de que basta conhecer!

– Solange, quando eu me for, console nossos pais! Promete? – pedi.

– Prometo, irmãzinha!

– Agora vá, quero dormir – falei carinhosamente.

Não estava com sono, porém não queria deter Solange para que ela não se atrasasse. Ela saiu do quarto. Fiquei pensando e concluí que minha irmã tinha razão: tememos o desconhecido. Consolei-me, compreendendo que tudo fica mais fácil quando o conhecemos.

Tia Ana Elisa tinha razão, piorei muito, e, como não gostava de hospitais, pedi aos meus pais:

– Papai, mamãe, por favor, deixem-me aqui, não quero ir para o hospital e ficar longe de vocês.

Os dois se olharam, saíram do quarto para conversar e voltaram com a notícia:

– Rosângela, você não irá para o hospital – falou papai determinado. – O pior da sua doença já passou e você convalescerá aqui conosco.

– Obrigada, prometo não lhes dar muito trabalho. Aproveito que os dois estão comigo para dizer que os amo. Onde eu estiver os amarei. Sou muito grata a vocês. São os melhores pais do mundo! Não, do universo!

Meus pais me abraçaram e me beijaram. Falei tudo isso devagar, às vezes, dando um intervalo. Estava muito fraca. Como a fraqueza dói! Sentia muitas dores, o câncer consumia meu corpinho, já tão fraco. Queria falar mais coisas sobre os meus sentimentos, mas estava muito cansada.

Imaginava sempre como seria bom ficar alguns minutos sem aquela dor e sensação ruim. Desejava ficar como era antes de adoecer.

Eu achava que era impossível piorar, mas piorei. Quando, numa manhã, mamãe me trocou, e vi que fizera, sem perceber, minhas necessidades fisiológicas na cama, sujando os lençóis, chorei baixinho.

– Não chore, Rosângela, eu a limpo num instante! – mamãe falou com carinho, consolando-me.

Minha mãezinha me limpou devagar e enxugou minhas lágrimas com beijos.

Ao ficar sozinha, orei e pedi a Deus pela primeira vez:

– Deus, meu Pai do Céu! Não sei por que sofro e sou motivo de tantos sofrimentos a todos aqui em casa. Só posso ter feito algo de errado que o Senhor não gostou. Desculpe-me! Perdoe-me! Será que não dá para o Senhor levar-me? Sei que não devo querer a morte nem pedir para morrer. O Senhor sabe que nunca iria querer isso se estivesse sadia. Se me levar, ficarei agradecida.

Nesse momento, veio em minha mente a passagem do *Evangelho* em que Jesus orou no Horto das Oliveiras e pediu: "Pai, afasta de mim este sofrimento, porém faça Sua vontade e não a minha". Completei minha prece:

"Deus, faça Sua vontade, mas, se for possível, atenda a meu pedido! Ou seja, que a Sua vontade seja igualzinha à minha. Lembro ao Senhor que estou sofrendo muito, assim como todos aqui em casa. Acho que não vou melhorar, então me leve para me curar no Céu. Por favor!"

Senti paz e dormi. Não vou mais falar do meu sofrimento. Foram dias difíceis, até que adormeci num sono tranquilo.

2

Em meu sono não tive dores e, às vezes, parecia escutar:

– Rosângela era tão bonita! Antes de adoecer era gordinha e corada!

– Ia completar catorze anos, mas parecia ter dez. Que pena! Não viveu a vida!

– Os pais de Rosângela estão tão endividados com os gastos que tiveram com a filha, que terão de vender a casa, o único bem que eles têm e que trabalharam tanto para adquirir!

– Sofreu tanto a pobrezinha, que só pode estar no paraíso!

– Eu a amo, filhinha! Sempre a amarei! Não quero ser egoísta querendo você conosco doente como estava. Mas está sendo dolorido vê-la afastar-se de nós – dizia meu pai.

– Vá com Deus, meu anjinho! Com você irá um pedaço do meu coração! – mamãe falava, parecendo cochichar ao meu ouvido.

– Rô! – ordenou Solange, minha irmã. – Não tema o desconhecido! Aceite com gratidão o que receberá e lembre-se de que queremos que esteja bem, assim como você quer que fiquemos.

– *Ora, deixem-me dormir, porque há tempos não tenho um sono tão gostoso!* – exclamei, recusando-me a ouvir mais comentários.

Determinei a mim mesma que não ouviria mais nada. Virei-me na cama sozinha, passei a mão pelo meu corpo e percebi que não estava de fralda, mas sequinha e cheirosa.

– *Que sono mais agradável! Ninguém me acordou para me dar uma injeção! Vou aproveitar para dormir mais! Estou com muita sede e fome. Fome? Há tanto tempo não sinto vontade de comer!* – falei baixinho.

Levantei o lençol, sentei-me na cama com facilidade, virei a cabeça, ri e continuei a falar:

– *Estou sonhando! Fantástico! Tem um copo de suco e uma tigela de sopa na mesinha de cabeceira. Vou comer! Nem que seja no sonho, vou alimentar-me com prazer.*

Tomei o suco, que estava delicioso, e a sopa de legumes, saborosíssima. Limpei a boca com o guardanapo e espreguicei-me.

"*Vou dormir!*", pensei. "*Engraçado, nunca antes sonhei que dormia. Está tão gostoso aqui! Queria tanto ficar por instantes sem aquela sensação da doença. Agora que estou bem, mesmo que seja em sonho, irei aproveitar.*"

Virei-me várias vezes na cama, deliciando-me por fazer isso, acomodei-me e dormi.

Acordei achando que dormira por horas. Abri os olhos devagarzinho, temendo sentir dores e aquele horrível mal-estar. Continuei sentindo-me bem. Sorri, ou melhor, ri mesmo. Tive vontade de gargalhar, coisa que há tempos não fazia, pois se fizesse sentiria muitas dores. Ri alto por minutos, sem me importar com as outras duas meninas que estavam em leitos ao lado do meu. Quando parei, uma delas, que sorria ao me ver rir, exclamou:

– *Que alegria! Você está feliz! Por que ri?*

– *É bom rir e não sentir dores! Vou aproveitar este sonho. Vou levantar e pular!* – respondi.

Levantei-me com facilidade, subi na cama, pulei cantando uma marchinha, uma música de sucesso da época. Minha voz era forte como antes de adoecer. Alegre em me ouvir, cantei mais alto. A menina que me dirigiu a palavra cantou comigo, e a outra ficou só me olhando, e acabou sorrindo. Uma moça muito bonita entrou no quarto, olhou-nos, aprovando. Quando cansei, sentei-me na cama com as pernas cruzadas. Estava com um pijama azul-clarinho, limpinho e cheiroso.

– *Bom dia, queridas meninas!* – cumprimentou a moça.

– *Bom dia!* – respondemos as três.

– *Por que você está tão alegre? Por que pula, ri e canta?* – indagou a menina que ficou só olhando.

– *Ora, é maravilhoso para quem não faz isso há tempos* – respondi. – *Pedi a Deus para que pudesse me sentir sadia por alguns minutos. Estou doente, nem vinha dormindo ultimamente, mas agora me sinto bem. Então, estou aproveitando este sonho agradável!*

– *E se você não estiver sonhando?* – perguntou a menina que me observava.

– *Não estou sonhando?* – indaguei espantada, olhando para a menina que cantou comigo.

Ela negou movendo a cabeça. Fiquei quieta por alguns instantes e comecei a observar o lugar onde estava. Era um quarto grande, arejado e com uma janela enorme. As camas eram cor-de-rosa, com desenhos de coração na cabeceira. Havia mais três leitos vazios. Tudo arrumado, limpo e cheiroso.

Sempre gostei de tudo limpinho e com cheiro agradável. Ultimamente, por mais que mamãe e minhas avós me limpassem, não ficava limpa por muito tempo, e o odor do meu quarto não era agradável. Acho que foi por isso que este local agradou-me tanto. As três me olhavam. Repeti a pergunta:

– *Não estou sonhando?*

– *Não, não está* – respondeu a moça.

– *Curei-me, então? De repente? Por que estou tão bem assim? Milagre? Só se for por Deus!* – disse rindo.

– *Você não pensa em morrer?* – perguntou a menina que me observava.

Não respondi à indagação e falei apresentando-me:

– *Meu nome é Rosângela, e vocês, quem são?*

– *Sou Lourdes, muito prazer! Espero que continue aqui conosco* – respondeu a menina que cantou comigo.

– *Sou Valda! Alegro-me por vê-la bem! Se precisar de mim, por favor, chame por mim* – apresentou-se a moça.

Olhei para a outra menina. E ela falou:

– *Sou Fátima! Prazer!*

Ri de novo e desculpei-me:

– *Por favor, desculpem-me! Está sendo tão prazeroso rir e não sentir dores que não consigo parar.*

As três riram comigo. Parei e indaguei:

– *Se não estou sonhando e se me curei, o que me aconteceu?*

– *Você não respondeu ao que Fátima lhe perguntou. Você não pensa na sua morte?* – indagou Lourdes.

– *Penso sim, até pedi a Deus perdão por querê-la* – respondi.

– *Então, Deus a perdoou e atendeu. Você morreu!* – exclamou Fátima.

– *Querida, não fale assim!* – pediu Valda com olhar reprovador.

Parei de rir, olhei como de costume para minhas mãos e comecei a estalar um dedo de cada vez. Tinha o costume de fazer isso todas as vezes em que me encontrava em situações difíceis. Observei meus dedos, estavam gordinhos; as unhas rosadas.

Fátima começou a chorar lamentando-se:

– *Mas isso é verdade. Você, Lourdes e eu estamos mortas! Ai de mim!*

– *É ruim morrer?* – perguntei.

– *Querida, é só o nosso corpo físico que finda seu tempo. Nosso espírito continua a viver! Você está viva num lugar lindo, entre amigos e, melhor, sadia!*

Beijou-me nas bochechas. Senti meu rosto e passei as mãos nele, estava gordinha. Senti vontade de rir de novo.

– *Ora, estou bem e quero rir! Estou no Céu? Vou ver Deus?*

– *Deus, Rosângela, está em todos os lugares* – explicou Valda.

– *Até dentro de nós* – interrompeu Lourdes. – *Só que não O vemos e não temos entrevista com Ele. Aqui, é um ajudando o outro, como deveria ser lá na Terra.*

– *Já que morri, o que vou fazer agora?* – quis saber.

– *Pode rir, Rosângela* – respondeu Valda. – *A alegria alimenta nossos bons sentimentos e irradia contentamento à nossa volta. Fátima, que estava triste, até sorriu ao vê-la contente. Aqui não há ociosidade, terá muitas coisas interessantes para fazer e outros tantos motivos para sorrir.*

– *Você disse que estava doente. Sofreu muito?* – perguntou Lourdes.

– *Não tenho vontade de recordar ou de falar nisso. Estou tão aliviada por me sentir bem!* – respondi.

Achando que deveria dar uma resposta melhor a minha nova amiga, disse:

– *Fiquei anos doente e sofri muito.*

– *Eu não!* – falou Lourdes. – *Desencarnei por um acidente. Um segundo de vacilação e, pronto, vim para o lado de cá.*

– *Como sabe que aqui é o lado de cá e não o de lá?* – indagou Fátima.

– *Vim para o plano espiritual* – respondeu Lourdes.

– *Como foi?* – curiosa quis saber.

Lourdes pensou um pouquinho e falou:

– *Fui passear de moto com um primo, escondida dos meus pais, que sempre acharam esse veículo perigoso. Imprudentemente, pedi-lhe para correr e ele me atendeu. Um buraco na pista me fez cair. Eu desencarnei na hora. Ele ainda está no hospital lá na Terra, muito ferido e sentindo muita culpa.*

– Você acha que ele é culpado? – perguntou Fátima.

– Porque, se fosse comigo, eu o culparia. Ele era mais velho, deveria ter sido mais prudente.

– Não quero culpá-lo. Ele foi imprudente, mas não quis que acontecesse o acidente. Coitado! É tão ruim sentir culpa, remorso... Tenho orado por ele.

– Você está agindo corretamente, Lourdes. Ore por ele, que receberá e sentirá no íntimo o seu carinho – falou Valda fazendo uma pausa e convidando-nos:

– Vou levá-las para passear no jardim! Vamos, levantem-se!

Pulei da cama contente por poder passear. Sempre me ajeitava para sair. Indecisa perguntei:

– Vou de pijama?

– Pode ir se quiser, só vamos passear um pouquinho. O jardim é logo ali, e só encontraremos outros convalescentes como vocês – respondeu Valda.

– Gostaria de colocar outra roupa – pedi.

Valda apontou para um cabide que estava ao lado da cama que eu ocupava, mostrando-me roupas penduradas. Alegre, peguei uma calça comprida igual a uma que eu tinha, só que esta aparentava ser nova, e uma blusa bege, parecida com uma que minha avó me dera de presente de aniversário.

– Tive uma roupa assim! – exclamei.

– Temos aqui algumas roupas parecidas com as que tivemos quando encarnadas. Valda nos falou que fazem isso para nos sentirmos bem – explicou Lourdes.

Fui atrás do biombo e troquei de roupa. Senti-me muito bem; havia tempos que não vestia roupas comuns, só usava pijama. "*A felicidade está nas pequenas coisas, e só quando somos privados delas é que damos valor*", pensei.

Calcei os chinelos que estavam no chão, perto do leito. Quis ajeitar os cabelos. Por instantes receei não tê-los. Devagar levantei as mãos e passei-as na cabeça. Ao senti-los, exclamei contente:

– *Viva! Tenho cabelos! Meus lindos cabelos!*

– *Você está bem, muito bonita! Venha aqui e se olhe no espelho* – convidou Valda.

Fiquei novamente indecisa e receosa, fui andando devagarzinho. Entrei num banheiro. Era todo branco, muito limpo, tinha peças que os encarnados conhecem, e, acima de uma pia grande, havia um espelho. Quando me olhei nele, vi um rosto sadio. Lágrimas de gratidão escorreram pelo meu rosto. Ri de novo, enxugando as lágrimas com as mãos.

– *Deus, meu Pai, muito obrigada por ter atendido à minha prece! Eu melhorei!* – exclamei alto.

Valda pegou na minha mão e na de Fátima, saímos do quarto com Lourdes. Atravessamos um corredor e defrontamo-nos com um pequeno jardim.

– *Que beleza!* – disse maravilhada.

3

O jardim era muito gracioso! Havia algumas árvores, vários canteiros com flores e alguns bancos. Estavam lá meninos e meninas andando ou sentados, todos conversando.

– *Estão todos mortos?* – perguntei baixinho para Valda.

– *São desencarnados. Esse é o termo que usamos, porque vivos, Rosângela, estamos sempre.*

– *Ei, você não é a Rosângela?*

Senti me cutucarem no ombro. Virei-me e vi Leonardo, o Leo, um conhecido que desencarnara havia alguns meses, atropelado por um carro, quando passeava de bicicleta. Ao vê-lo sorrindo para mim, não tive mais dúvidas. Eu não estava sonhando e morrera mesmo, ou melhor, desencarnara, como explicara Valda.

– *Leo! Você por aqui!* – exclamei.

– *Pois é! Como você sabe, desencarnei por acidente. E você, quando voltou?*

– *Voltou?!* – indaguei sem entender o que ele queria saber.

– *Veio para cá, para a nossa pátria.*

– *Acho que foi ontem* – respondi confusa.

– *Não precisa se encabular, logo você estará a par de tudo. Sinta-se à vontade, Rosângela. Aqui é muito bom, basta acostumar-se* – aconselhou Leonardo.

– *Vou tentar seguir seu conselho. Leo, estou um pouco confusa com tantas novidades. Estive doente, dormi e acordei aqui, sadia!*

– *Sei que você estava com câncer. Ficamos, meus amigos e eu, com pena de você. E eu, que estava sadio, desencarnei primeiro. Foi um prazer revê-la. Desejo-lhe boa recuperação* – falou Leo.

– *Você gosta mesmo daqui?* – quis saber.

– *Sim, gosto muito! Agora, Rosângela, tenho de ir; voltaremos a nos ver. Tchau.*

Leonardo foi embora e eu, curiosa, fui observar o jardim, olhando com atenção cada detalhe. As flores eram lindas, perfumadas... eu conhecia a maioria delas. Muitos passarinhos voavam baixinho, pulando nos galhos das árvores. Bati as mãos de contentamento. Sentei-me num banco ao lado de Valda e Fátima. Lourdes foi brincar com as outras meninas. Senti sono. Valda me levou de volta ao quarto, ajudou a acomodar-me no leito. Adormeci. Quando acordei, vi só Fátima no quarto.

– *Oi!* – cumprimentei-a.

– *Oi!* – respondeu. – *Como você está se sentindo?*

– *Muito bem, obrigada. Onde estão Valda e Lourdes?*

– *Valda é uma das encarregadas de cuidar de nós. Acho que ela é uma enfermeira ou algo parecido. Trabalha aqui. Não é estranho trabalhar depois que se morre? Aqui se trabalha muito! Lourdes foi ouvir o coral cantar, voltará logo.*

– *Lourdes foi ouvir música? Quero ir também!* – exclamei.

– *Calma! Você terá oportunidade de ver e ouvir o coral, eles ensaiam quase todos os dias e estão sempre se apresentando. Como você estava dormindo, Valda não quis acordá-la.*

– *Por que você não foi?* – quis saber.

– *Estou triste, com saudade da minha casa e dos meus pais* – Fátima respondeu, enxugando algumas lágrimas.

– *Deve ser ruim não saber deles, o que acontece lá, com os encarnados* – comentei séria.

– *Eu pensava que era assim, porém nós sabemos deles. Trouxeram mamãe em espírito para me ver enquanto ela dormia. Abraçamo-nos apertado. Foi tão gostoso! Pena que minha mãe não recordou muito bem do que aconteceu quando acordou. Ela chora tanto por mim! Eu a amo tanto, queria ficar para sempre ao seu lado.*

– *Do que você morreu?* – quis saber curiosa.

– *Desencarnei de meningite* – respondeu Fátima me corrigindo e, suspirando, continuou a falar: – *Adoeci, parecia gripe, mas como a febre não cedia, mamãe levou-me ao médico, que pediu para me internar no hospital. Tomei muitos remédios, injeções e fui piorando. Não me recordo direito, acho que tive muita febre. Dois dias depois, desencarnei.*

– *Você não parece gostar daqui* – concluí e indaguei em seguida: – *Não se sente bem?*

– Não sinto nada de ruim e até gosto daqui, só que preferia estar em minha casa. Se pudesse escolher, estaria encarnada – respondeu Fátima.

Ficamos quietas por instantes. Senti pena dela e pensei: "*Devo ou não ter dó de nós? Afinal estamos desencarnadas*".

Valda entrou no quarto sorrindo carinhosamente; beijou-nos, indagando atenciosa:

– Você está bem?

– Sinto-me muito bem, obrigada – respondi. – *Valda, tenho uma tia, irmã de minha avó, que está desencarnada. Será que posso vê-la? Sonhei com ela algumas vezes quando estava doente. Queria, se possível, saber dela.*

– Ana Elisa ficará contente por lembrar-se dela. Logo poderá vê-la.

– Você a conhece? – perguntei.

– Sim, sua tia já veio vê-la e tem perguntado muito por você. Ana Elisa trabalha na colônia – respondeu Valda.

– Trabalhar? Alimentar-se? Aqui eu falo e dou risadas! Estou achando isso tudo muito engraçado, ou melhor, estranho.

– Por favor, Rosângela, fique sempre alegre – pediu Valda.

– Será que estou me comportando bem? Afinal pulei em cima da cama, cantei alto. É que pensei estar sonhando. Como os desencarnados devem agir? – perguntei preocupada.

– Aqui temos ordem, disciplina e muita alegria. Você aprenderá aos poucos a viver entre nós. Tem uma voz bonita. Gostaria de fazer parte do coral? – indagou Valda carinhosamente.

– Sim, quero – respondi contente.

– Amanhã vou levá-la para ver um ensaio e, logo que possível, fará parte dele – falou Valda, incentivando-me.

Quando Valda saiu, Fátima foi ler e eu fiquei quieta. Senti uma das minhas avós chorando e reclamando:

– Rosângela era tão jovem! Por que não fui eu a morrer em vez dela?

Ia concordar com ela, quando escutei minha irmã Solange respondendo à vovó:

– Vovozinha, Deus quer os jovens também. Cada um tem seu tempo de ficar aqui. Não chore assim! A senhora acha que Deus é mau? Não! Nem eu! Acredito que Deus é bondade infinita. Se Deus é misericordioso, não agiu errado nem com maldade com a nossa Rosângela. Ela não está infeliz nem sofrendo! E onde estiver não irá querer nos ver nos lastimando.

Lourdes chegou eufórica.

– Rosângela, você precisa ver e ouvir o coral. É o máximo! O que você tem? Parece preocupada!

– Por que será que às vezes escuto vozes dos meus familiares? Parece que conversam lá e os ouço aqui.

Olhei para Lourdes, esperando uma resposta. Ela pensou por instantes e falou:

– Não sei o que ocorre, Rosângela. Eu também os escuto e, se os sinto chorar, fico triste.

Valda entrou no quarto e escutando a resposta de Lourdes, sorriu para nós, explicando:

– O amor é um sentimento que une. Sentimos sempre o que se passa com nossos afetos. Aqui, somos mais sensíveis, e se eles falam de nós ou sofrem com nossa ausência, acabamos sentindo e ouvindo-os em nosso íntimo. Aconselho-as a não

dar atenção. Quando isso ocorrer, tentem se distrair ou orem, desejando que sejam consolados.

– *Espero que eles atendam minha irmã Solange, ela é muito coerente. Queria que não chorassem por mim, que ficassem alegres e me transmitissem segurança* – falei.

– *Você quer que eles não chorem por você? Que não sintam seu desencarne?* – perguntou Fátima indignada.

– *Amo-os muito para querer que sofram. Quero sim que eles sejam felizes! Todos morrem, ou melhor, desencarnam! Estamos acostumados a sofrer quando alguém que amamos se muda para cá. Isso não é bom! Morri, porém não acabei! Seria bom se todos compreendessem que a vida continua!* – falei respondendo para Fátima.

Estranhei minha resposta, parecia que explicava a mim. Bateram na porta do nosso quarto, Valda abriu e convidou:

– *Entre, Ana Elisa! Rosângela já perguntou por você e deseja vê-la!*

Uma moça muito bonita entrou no quarto. Valda despediu-se com um aceno de mão e saiu. Reconheci minha tia: era encantadora, mais linda do que no retrato que vovó mostrara e do que eu recordava dos meus sonhos. Tinha o cabelo longo, castanho-escuro como os olhos, seus lábios eram delicados e tinha um sorriso cativante. Titia deixou que eu a observasse, depois abriu os braços e corri até ela. Abraçamo-nos demoradamente.

– *Como você está se sentindo, Rosângela?* – perguntou tia Ana Elisa.

– *Eu? Bem! É mais bonita pessoalmente do que em meus sonhos* – falei encabulada.

– Fico contente por ter gostado de sonhar comigo – falou sorrindo.

– A senhora me ajudou, preparando-me para os acontecimentos, não foi?

– Sim.

– Agradeço-lhe! – exclamei, beijando-a.

– De nada! Rosângela, você quer passear comigo?

– Quero! Aonde vamos?

– Vou levá-la a um local lindo. Venha trocar de roupa.

Tia Ana Elisa abriu o armário, pegou uma roupa e me deu. Fui ao banheiro, troquei-me e me admirei no espelho.

– Fabuloso! Como estou bem!

– Você é linda, minha sobrinha! – exclamou titia.

– Fiquei tão magrinha e feia com a doença! – falei suspirando.

– Esqueça aqueles dias difíceis – aconselhou. – *O que importa agora é que está bem. Não quer passear conosco, Lourdes? E você, Fátima, vamos sair um pouquinho?*

Fátima negou com um movimento de cabeça e Lourdes agradeceu educadamente:

– Prefiro não ir, obrigada pelo convite. Acho que vocês duas têm muito o que conversar e não quero atrapalhar. Façam um bom passeio!

Gostei de vestir um conjunto de saia e blusa verde-clarinho. Penteei o cabelo, usava-o e ainda o uso curto e repartido de lado. Olhei-me novamente no espelho e alegrei-me com meu aspecto.

Saímos, titia e eu, de mãos dadas. Atravessamos corredores, e minha cicerone foi explicando:

– Minha sobrinha, você irá gostar daqui! Achará muitas coisas parecidas com as quais estava acostumada na Terra, quando encarnada; outras, nem tanto.

– Aqui é uma grande comunidade? Todos têm o mesmo objetivo, o bem comum? – perguntei lembrando dos meus estudos na escola.

Titia sorriu e respondeu:

– Só que aqui nos agrupamos de acordo com os sentimentos que temos. Aqui é um local que abriga crianças e jovens, e do outro lado estão os que desencarnam já adultos. Podemos dizer que aqui, nesta colônia, estão espíritos afins, para se melhorar e progredir.

– E os que não estão aqui? Os maus? O que acontece com eles?

– Agrupam-se em outras partes.

Passamos por outro corredor. Curiosa, fui olhando tudo. Minha tia esclareceu:

– Nesta parte estão os dormitórios, os quartos dos recém-desencarnados; deste lado é a ala infantil e deste, a dos adolescentes.

Passamos por um corredor mais largo e logo defrontamos com a porta principal do prédio. Esse corredor era muito bonito, enfeitado com plantas e quadros. Ao ultrapassarmos a porta, parei para admirar a beleza da praça. De forma oitavada, os prédios cercavam-na. As construções não eram iguais, embora suas frentes fossem do mesmo tamanho. Algumas tinham um andar; outras, dois e uma delas, cinco andares. Elas eram modernas, arrojadas, com muito vidro, ou pelo menos algo parecido com o vidro que usamos na Terra. Dei alguns passos, olhei para o chão:

estava numa calçada larga, de pedrinhas coloridas claras, que rodeava os prédios.

Titia me puxou pela mão.

– *Que beleza!* – exclamei admirada.

A Praça da Fonte era maravilhosa, possuía muitos canteiros com flores variadas, que perfumavam o ambiente, algumas árvores pequenas, muitos bancos e diversas fontes. Conforme andava, via chafarizes em formato de flores, ouvia por toda a praça uma música suave, em tom baixo.

No centro, havia um chafariz maior, formado por muitas esculturas, e um arco-íris. Eram rosas, orquídeas, lírios, violetas, amores-perfeitos e outras. Acho que todas as flores estavam ali representadas. Passei a mão em uma escultura. Era lisinha, a água que escorria era fria, tudo muito limpo. O colorido era suave, tudo se harmonizava.

Fiquei extasiada, não conseguia nem falar. Fui andando porque titia me puxava. A praça era grande, demos uma volta por ela.

– *Sentemos aqui um pouco, Rosângela.*

– *Que lugar mais lindo! A senhora tem certeza de que aqui não é o Céu?*

– *Aqui, Rosângela, é o Educandário Flores de Maria. Comparamos crianças e jovens com flores, que devem ser tratadas com delicadeza, atenção e muito amor. Ao dizer Maria, referimo-nos à mãe de Jesus, que nos adotou e é nossa protetora espiritual. Este lar de crianças e jovens faz parte de uma colônia espiritual, isto é, uma cidade de desencarnados. Aqui, temos escolas, locais de diversão, trabalho e hospital.*

– *Parece que a vida continua mesmo!*

– Sim, Rosângela, continua sem grandes diferenças. Isso é ótimo, é mais uma das demonstrações da bondade de Deus.

Muitas pessoas passeavam pela praça, a maioria crianças e jovens que, como eu, estava maravilhada com tanta beleza. Por mim, ficaria horas ali. Titia me chamou para irmos embora; levantei-me e a segui, demonstrando que gostaria de ficar mais. Tia Ana Elisa me consolou:

– Você poderá vir aqui outras vezes. Agora devemos voltar para seu quarto, você tem de descansar.

– Vou gostar muito do Educandário Flores de Maria! Já gosto!

Beijei titia e recebi outros beijos.

Tive a certeza de que ia gostar muito do Educandário Flores de Maria.

À noite, conversávamos no quarto, Lourdes, Fátima e eu. Lourdes aproximou-se da janela e comentou:

– Como são lindas as estrelas!

– É noite de Lua cheia! Venha ver, Rosângela – convidou Fátima.

Fui à janela e vi a Lua no céu, cheia e linda.

Lembranças vieram...

"Já estava doente quando mamãe me fez caminhar um pouquinho pelo quarto.

– Venha, Rosângela, aqui na janela, está uma noite linda de Lua cheia.

– De fato, está maravilhosa, a Lua parece um prato!

– Todas as vezes que vejo a Lua assim, cheia, recordo-me de você pequena! – falou mamãe.

– Por quê? Eu era gordinha? Tinha o rosto cheio? – indaguei.

– Claro que não! – respondeu minha mãe. – Você não tinha nem tem o rosto redondo. É porque, quando era criança, acho que você tinha dois anos, chorou querendo o queijo do céu. Seu pai comprou um queijo redondo. Você até comeu um pedaço, depois foi correndo para o quintal, olhou para o firmamento e choramingou dizendo: 'Este não é daquele!'. Rimos, e seu irmão disse: 'Aquilo não é queijo, é Lua cheia'.

Abracei mamãe e ela completou:

– Rosângela, onde quer que esteja, ao olhar a Lua cheia, lembre-se de que eu vou vê-la também e estarei pensando em você, mandando-lhe um beijo."

Duas lágrimas escorreram dos meus olhos e senti uma brisa suave como se recebesse um beijo de mamãe. Tive a certeza de que minha mãezinha olhava o céu e me dava um beijinho.

Enxuguei rapidamente o rosto e exclamei, sorrindo para minhas companheiras de quarto:

– *Desencarnei numa noite de Lua cheia!*

Elas sorriram correspondendo e fomos dormir.

4

No outro dia, acordei me sentindo estranha. Pensando muito em missas. Parecia que todos os meus familiares estavam orando por mim na igreja. Fiquei quieta na cama. Depois os senti no cemitério.

– Flores para você, querida!
Que Jesus a faça feliz!
– Estou com saudade!

Senti mamãe e papai chorando. Lágrimas escorreram pela minha face. Queria papai comigo. Lembrei-me de quando ele chegava em casa após o trabalho, falando alto:

– Rosângela, venha ver o que eu trouxe para você!

Corria para abraçá-lo; meu pai sempre nos trazia algo, balas, pipocas, sorvetes, etc.

Quis ter mamãe a me fazer um carinho, quis seu colo, ir para casa, ficar com todos os que amava.

Estava envolvida em meus pensamentos quando fui surpreendida por uma voz amiga:

– *Rosângela, feliz aniversário!*

Titia entrou no quarto com um ramalhete de flores coloridas. Fez de conta que não me viu chorando, abraçou-me, beijou-me e cantou "parabéns pra você!"

– *Vamos, coloque as flores neste vaso!* – sugeriu titia.

– *Hoje é meu aniversário?* – perguntei estranhando.

– *Sim, é.*

– *É mesmo! Ia fazer catorze anos! Será que foi por isso que senti meus familiares falando de mim?*

– *Minha sobrinha* – explicou tia Ana Elisa –, *não nos desligamos facilmente dos afetos, por isso sentimos aqui o que se passa com eles. Hoje, sua família foi à missa e depois ao cemitério, oraram e, infelizmente, lamentaram sua falta, o que não é bom para quem desencarna, mas isso é compreensível, sentem saudade.*

– *Titia, se hoje é meu aniversário, faz então três meses que estou aqui. Mas parecem dias.*

– *É que você dormiu bastante* – esclareceu. – *Quando as funções vitais do seu corpo físico findaram, você o deixou como uma roupa velha, gasta pela doença, e esses restos mortais foram enterrados. Você, Rosângela, é um espírito que antes vestia um corpo carnal e agora apresenta um outro mais sutil, que é o perispírito,*[1] *para manifestar-se aqui conosco.*

1. Perispírito: substância vaporosa semimaterial, que serve de envoltório ao espírito e liga a alma ao corpo. Nos encarnados, é o intermediário entre o espírito e a matéria. Nos espíritos libertos do corpo físico, constitui o seu corpo fluídico. (Nota do Editor)

– Titia, já percebi que aqui tem dia e noite e horários a serem seguidos. O tempo passa como na Terra?

– Meu bem – respondeu titia, elucidando com carinho –, *estamos perto da crosta terrestre e ainda muito ligados ao tempo dela. A colônia segue o mesmo movimento da Terra, ou seja, giramos com ela. Assim, temos o dia e a noite. Seguimos o mesmo horário. Você já pensou não tê-lo? Como saber a hora em que o coral vai ensaiar, quando assistir às palestras? A que horas ir aos encontros? Nosso dia aqui é de vinte e quatro horas, seguimos os meses e anos, como os encarnados. Hoje é dia vinte e seis aqui e lá.*

– Aqui faz frio ou calor? Para mim, a temperatura é agradável!

– Nas colônias, nos educandários, nos locais em que os espíritos que querem ser bons vivem, a temperatura é sempre amena, independentemente se na Terra é inverno ou verão.

– Titia, a senhora sabe do Bob, o meu cachorro? Gosto dele, sinto falta de sua companhia. Ele era para mim um cãozinho especial.

– Sempre que gostamos de alguém, animal ou planta, esse afeto para nós é especial, porque é alvo do nosso carinho. Bob sentiu sua falta, ficou triste, seus irmãos e pais lhe deram mais atenção. Foi bom porque distraiu sua mãe, que faz caminhada todos os dias com ele. Seu cãozinho está bem.

– Bob me esqueceu?

– Os animais também nos querem bem: uma vez amigo, sempre amigo – respondeu titia.

– Para mim, o que importa é que Bob esteja bem.

Tia Ana Elisa aprovou com um sorriso e voltei a indagar:

– Meus sonhos com a senhora eram encontros?

– Sim. Você se afastava do seu corpo adormecido com o perispírito e conversava comigo. Quando isso acontece com os encarnados, o perispírito fica unido ao corpo físico por um cordão, e, quando esse cordão é rompido há o desligamento, a morte do corpo carnal. Quando isso aconteceu com você, uma equipe de socorristas e eu a trouxemos para cá, onde ficou dormindo para se recuperar e também para que não sentisse seus familiares e amigos chorando por você. Quando estava para acordar, nós a transferimos de quarto.

– O que a senhora faz aqui, titia? É verdade que há trabalho na espiritualidade?

– Muitos entendem de modo errôneo o conceito de trabalho, vendo e sentindo-o como uma obrigação. Aqui, o trabalho é prazeroso, uma bênção. É como fazer algo para si mesmo. Seria tão ruim tudo isso sem trabalho! Você foi socorrida, trazida para cá, cuidada com carinho, está agora num quarto limpo, tem roupas e alimentos. De onde saiu tudo isso?

– Do trabalho dedicado de alguém.

– Sábia conclusão. Servir faz parte de minha vida e chegará o dia em que todos nós serviremos com amor.

– Mas o que a senhora faz exatamente?

– Quando encarnada, fui enfermeira. Trabalhei num hospital, porém não estudei para exercer essa função. Aqui, estudei bastante e ainda tenho a bênção de continuar tendo instruções. Sou enfermeira, trabalho num grande hospital, cuido de adultos desencarnados imprudentes que, quando encarnados, viveram de tal forma que se desequilibraram e, agora, precisam se harmonizar com as leis divinas.

– A senhora trabalha muitas horas por dia?

– Aprendi a viver sem os reflexos do corpo físico,[2] *não durmo e tenho à disposição as vinte e quatro horas do dia, as quais dedico ao trabalho e ao estudo. Uso-as pouco para o lazer; às vezes leio livros, vou ao teatro e a alguns passeios. Agora disponho de algumas horas para passar com você, que logo estará participando das atividades deste local de bênçãos. Irá para outro alojamento, ou seja, para outro quarto, e frequentará a escola.*

– Posso mesmo fazer parte do coral? Gosto tanto de cantar!

– Claro que pode. Hoje à tarde vou levá-la para assistir a um ensaio. Quer dar um passeio?

– Vamos de novo até a Praça da Fonte! – pedi entusiasmada.

Novamente, encantei-me com o passeio. Desta vez, prestei mais atenção nas pessoas que estavam lá. A maioria admirava, encantada, a beleza da praça; outras, talvez por ter estado mais vezes ali, andavam tranquilamente, desfrutando da calma presente naquele local. Vi um rapaz que caminhava apoiado num senhor. Escutei-os quando passaram por mim:

– Vovô, este lugar é lindo mesmo! Então vou morar aqui?

– Vai sim, Eduardo! Logo estará aqui comigo. Tenha paciência, em breve se sentirá sadio!

Vi também uma menina que se apoiava numa moça. Tanto o rapaz quanto a menina me pareceram diferentes.

2. Sobre esta questão, leia: "Retorno da vida corporal à vida espiritual". In: KARDEC, Allan. *O Livro dos Espíritos* (São Paulo: Petit Editora), Capítulo 3; e "Mecanismos da mente". In: LUIZ, André. *Evolução em dois mundos.* (Rio de Janeiro: Federação Espírita Brasileira), Capítulo 16. (N.E.)

Olhei para titia, ela sorriu e sem esperar que eu indagasse, explicou:

– Esses dois ainda se revestem de um corpo carnal. Eles vêm sendo preparados para a mudança que irão fazer. O rapaz foi trazido pelo avô; e a menina, por uma socorrista, ou seja, uma trabalhadora daqui.

– Eles estão dormindo?

– O corpo físico deles está adormecido. Embora estejamos em horário diurno, neste momento, eles descansam. Ambos estão com doenças graves e sabemos que está por findar o período que eles têm para ficar encarnados, embora nenhum de nós saiba determinar o dia e a hora em que isso irá acontecer.

– A senhora fez isso comigo, não me lembrava de tudo quando acordava, mas esses passeios e encontros eram como um bálsamo. Essa preparação acontece com todas as crianças ou jovens que estão para desencarnar?

– Não com todas. A maioria das que vêm aqui tem doenças incuráveis, e esses encontros acontecem também para que recebam ânimo, consolo e, como você disse, bálsamo. Repare, Rosângela, que eles têm um cordão prateado que os liga ao corpo físico. Isso os diferencia de nós.

Observei-os bem e vi o cordão. Orei por eles, desejando uma mudança de plano tranquila.

À tarde, titia nos levou – Fátima, Lourdes e eu – para assistir a um ensaio do coral. Chegamos minutos antes do início a um local enorme e sentamos bem na frente. Maestro Carlos nos recebeu sorrindo, cumprimentou-nos e esclareceu:

– Nosso coral é famoso em toda a nossa cidade. Quase todas as crianças e jovens do nosso cantinho fazem parte dele, e

convido vocês a unirem-se a nós. Todos os participantes recebem aulas de canto antes de se tornarem um dos nossos membros. Ensaiamos duas vezes por semana. Agora, estamos mais empenhados, porque domingo nos apresentaremos na praça de eventos da colônia em comemoração ao aniversário de sua fundação. Na semana que vem, iremos a outro local.

Maestro Carlos pediu licença e foi cumprimentar outras pessoas, e Lourdes, curiosa, indagou à tia Ana Elisa:

– O coral sai muito do Flores de Maria? Existem muitas colônias? Que eventos são esses?

Prestamos atenção na explicação de titia:

– Vocês já pensaram em quantas pessoas desencarnam por dia? Muitas, milhares. A Terra é imensa! Muitos reencarnam também. É um vaivém constante. Existem na Terra muitos lugares para viver, aqui, no plano espiritual, também é assim. E por toda a espiritualidade há locais destinados aos jovens e às crianças. Normalmente, nos educandários, há corais, porque quase todos os seres gostam de música. Cantar é uma grande terapia e um modo de agradecer ao Pai por tantas dádivas. O coral infantojuvenil apresenta-se em quase todos os acontecimentos importantes de nossa colônia, que é a nossa casa, o nosso lar. Aqui temos o hábito, como na Terra, de visitar uns aos outros. Nós, desta localidade, vamos até outras e vice-versa. Os eventos são comemorações de datas especiais, e temos muitas. Os corais da espiritualidade visitam também a Terra, vão a locais onde há encarnados que fazem o bem. O maestro Carlos, quando encarnado, participava de um coral. Aqui, estudou música e tornou-se maestro. Com muita dedicação, ensina canto para nossas crianças e jovens.

Com todos a postos, maestro Carlos começou o ensaio. Foi então que prestei atenção em tudo. Estávamos no Pátio das Convenções, local, no educandário, ao ar livre, onde se realizavam as palestras e o teatro e o coral se apresentavam. Havia muitas pessoas assistindo: alguns adultos e jovens que, como nós, olhavam tudo com curiosidade. Algumas crianças alegres observavam atentas e, às vezes, cantavam baixinho e dançavam.

Voltei a prestar atenção no coral. Seus componentes estavam de pé: os jovens nas fileiras de trás; à frente, as crianças e, nas primeiras filas, os pequeninos de dois a três anos. Felizes, todos obedeciam às ordens do maestro.

Gostei demais de ouvi-los. Cantei baixinho alguns trechos de certas músicas que conhecia e cheguei a balançar o corpo, acompanhando o ritmo delas. Quando terminou o ensaio, o grupo se dispersou. Saíram em ordem e falando com alegria. Parecia que a música continuava.

– *Gostaram, meninas?* – perguntou tia Ana Elisa.

– *Gostei muito. Vou ficar muito feliz quando puder fazer parte desse coral. Achei-o sensacional!* – respondi.

– *Vamos matriculá-la nas aulas de canto. Sentirei muita alegria em vê-la participando do coral* – falou minha tia sorrindo.

Titia nos convidou para voltar ao nosso alojamento. Regressamos pela praça, e ela nos explicou:

– *O ensaio foi no setor oito, e vocês estão alojadas no prédio número quatro.*

O canto deixou-nos alegres, e Fátima, embora quieta, ficou mais calma. Lourdes e eu caminhávamos cantando e, às vezes, titia nos ajudava em certos trechos.

Senti-me muito bem! De volta ao nosso quarto, Lourdes e eu estávamos tão eufóricas que Valda nos incumbiu de aguar as plantas do corredor, o que fizemos com alegria.

– *Oi, plantinha linda! Que tal um pouquinho de água fresca?* – falava enquanto as aguava.

Lourdes riu, achando graça.

– *Vovó falava com as plantas do jardim dela. Ela dizia que todo ser vivo gosta de atenção e carinho* – expliquei.

Fizemos a tarefa e, cansadas, fomos dormir. Estava muito feliz.

5

No dia seguinte, acordei triste. Lourdes e Fátima já estavam acordadas. Sentia-me bem, ser novamente sadia era uma bênção que eu não cansava de agradecer. Poder pular, andar, ter disposição, não sentir dores era uma dádiva que tinha para mim um valor incalculável. Achei o educandário lindo, as pessoas dali, desencarnadas como eu, agradáveis e prestativas. Tudo perfeito, maravilhoso, mas eu estava tristonha. Queria o afago dos meus pais, beijos das minhas avós e dos meus avôs, o carinho das tias e das amigas. Ansiava por escutar os risos de meus irmãos. Amava-os e sentia falta deles. A saudade doía no meu peito.

Como sempre acordava falando e rindo e, desta vez, continuei quieta, Lourdes indagou preocupada:

– O que está acontecendo hoje com você, Rosângela?

Olhei-as. As duas estavam na mesma situação que eu, adaptando-se e esforçando-se para aprender a viver longe de seus afetos. Fátima, porém, estava com mais dificuldades, dando a impressão de não querer se adaptar. Pensei: "*Se me queixar, certamente levarei Fátima a chorar e não tenho esse direito*".

Lembrei-me do que titia Ana Elisa me falara:

"*Rosângela, minha sobrinha, você sentirá falta dos que ama, poderá ficar triste, mas se alimentar a tristeza ela só crescerá. Combatemos esse sentimento com outro: alegria. Alegres, tornamo-nos otimistas, e aí resolvemos nossas dificuldades facilmente*".

Esforcei-me e sorri. As duas, que me olhavam, sorriram também.

– *Estava tentando adivinhar o que há dentro dessas gavetas do armário, da mesinha de cabeceira e da pia do lavatório. Estou curiosa, mas não sei se posso mexer* – respondi.

– *Já observei Valda guardar as roupas de cama e as que usamos no armário. Acho que não tem nada de mais você abrir e ver* – opinou Lourdes.

– *Não se faz isso na casa dos outros, acho que é melhor pedir permissão. Devemos ser educadas* – alertou Fátima.

– *Acho que vou começar a melhorar educando-me para não ser tão curiosa. Quando Valda vier, pedirei a ela para abrir as gavetas* – falei.

Arrumei minha cama, tive vontade de chorar, gritar: "*Mamãe, papaizinho, venham me buscar!*"

Valda entrou no quarto, Lourdes respondeu o cumprimento e foi falando:

– *Valda, Rosângela quer ver o que há guardado nas gavetas, está curiosa. Mas não mexemos, queremos que você nos dê permissão.*

– *Claro, podem ver o que quiserem* – disse Valda.

Lourdes correu e abriu a gaveta do armário, Fátima foi para perto dela. Eu ia também, mas Valda abraçou-me e falou carinhosamente:

– *Querida, a saudade pode incomodar; se permitirmos que ela nos domine, poderá nos privar de desfrutar outros sentimentos, o de amizade, por exemplo. Estou contente por você não ter incomodado suas companheiras, chorando e se lamentando. Entendeu que Fátima está muito frágil. Já sente amizade por elas. Tente se distrair quando sentir tristeza. Nesse período de adaptação podem ocorrer momentos alegres, que se intercalam com outros tristes. O importante é dar valor a tudo o que se recebe, querer ser alegre e se esforçar para estar sempre bem. Vá ver o que há nas gavetas!*

– *Roupas! Nunca pensei que no plano espiritual houvesse roupas!* – exclamou Lourdes rindo.

– *Pior se ficássemos nuas aqui* – comentei.

Rimos e Valda nos explicou:

– *Queridas, vocês são recém-chegadas do plano físico. Gostavam de lá, e isso é ótimo. Temos mesmo de amar o lugar em que vivemos. Lá, encarnadas, estavam condicionadas a muitas coisas: tomar banho, escovar os dentes, vestir-se, alimentar-se etc. Esses hábitos vão mudando com o tempo. Eu não tenho mais o reflexo do corpo carnal, não durmo nem me alimento, não troco de roupa, embora use uma.*

Rimos.

– *Vocês aos poucos vão aprender a viver assim, mas enquanto isso não acontece, podem trocar de roupa, alimentar-se e tomar banho. E, falando em alimento, trouxe o desjejum de vocês. Para você, Fátima, a bolacha que me pediu.*

– *Pelo jeito, aqui tudo é mais fácil* – observei.

– *Nem tanto, estou longe das pessoas que amo!* – exclamou Fátima fazendo beicinho para chorar.

– *Meninas, vim aqui lhes dar uma notícia agradável. Uma surpresa!*

Nós três a olhamos curiosas e Fátima se recompôs para prestar atenção. Compreendi que Valda queria nos alegrar. Continuou a falar:

– *Vocês vão ser transferidas! Amanhã, logo cedo, as levarei para o outro lado da nossa casa. Vocês vão amar! Irão para a escola, participarão de atividades esportivas, aulas de música e canto e...*

– *Oba!* – interrompeu Lourdes. – *Vou gostar de sair daqui e ir para o outro lado.*

– *Eu não quero ir!* – exclamou Fátima com lágrimas nos olhos. – *Não quero sair daqui. Tenho medo de ir para o outro lado. E se não me acostumar? Lá não terei você, Valda, para me ajudar.*

Valda abraçou-a. Fez cócegas na barriga dela, provocando seu riso.

– *Fátima, você não precisará ficar lá se não quiser. Mas venha amanhã conosco para conhecer os alojamentos. Poderá fazer muitas amizades e não sentirá minha falta* – aconselhou.

Valda despediu-se de nós e foi embora. Tomamos nosso desjejum, que estava delicioso.

Lourdes e eu fomos ver o que havia nas outras gavetas. Achamos livros, folheamo-los.

– *Valda já me deu alguns para ler* – disse Fátima. – *São muito interessantes. Este aqui descreve as colônias. Como já tivemos permissão, podemos lê-los.*

Estávamos ansiosas com a transferência. Não conseguia me concentrar para ler, não parava quieta, e, quando Valda nos convidou para ir ao jardim, Lourdes e eu a acompanhamos, ligeiras.

– *Vocês duas podem ajudar o senhor Antônio a cuidar das plantas* – disse Valda.

O senhor Antônio deu-nos a incumbência de aguar um canteiro. Como era bom cuidar das plantas, a ansiedade passou, ficamos mais tranquilas.

– *Senhor Antônio, podemos ajudá-lo em outro canteiro agora?* – perguntou Lourdes.

– *Aquele já foi aguado, e este outro está reservado para outras crianças* – respondeu ele com calma.

Fomos, então, nos enturmar com outros jovens e encontramos Lenice, que fazia todos rirem. Contava uma aventura sua, em que se perdeu dos pais num passeio à praia. O grupo se dispersou e ficamos nós três, Lourdes, Lenice e eu, conversando. Lenice nos indagou:

– *Será que aqui poderei vestir uma roupa de festa? Queria meu vestido azul. Mamãe o comprou para irmos a uma festa, mas nem cheguei a vesti-lo. Será que aqui há festas, como na Terra?*

Não soubemos responder. Indagamos ao senhor Antônio, que pacientemente esclareceu:

– *Aqui temos tudo o que necessitamos; entretanto, somos educados para não exagerarmos. Temos festas lindas, em que o principal objetivo é nos confraternizarmos. Nunca vi ninguém vestido a rigor ou com muito luxo. A beleza está na simplicidade.*

Gostei da resposta, e Lenice exclamou rindo:

– *Adeus, meu vestido azul! Espero que mamãe não o guarde, que o dê para outra menina, que se sentirá contente em usá-lo!*

– Como desencarnou, Lenice? – Lourdes quis saber.

– Sentindo-me muito feliz! – exclamou ela. *– Estava numa festa, engasguei-me e não vi mais nada, desencarnei e acordei aqui. Não quero ser triste, não estou viva para sofrer, quero ser sempre alegre. Tenho o sonho de ser atriz, trabalhar no teatro e alegrar as pessoas. Valda me disse que aqui temos teatro e quem quer e gosta pode aprender a representar. Ela vai me levar para outro setor. Vou para a escola e para o teatro. Estou muito contente!*

Quando Valda veio nos buscar, indaguei curiosa:

– Valda, Lenice nos disse que deseja ser atriz, que fará teatro aqui. É verdade?

– Sim. Temos muitos grupos teatrais e grandes talentos. Ela logo irá ser transferida, frequentará a escola e, atendendo ao seu desejo, fará parte de uma equipe de atores.

– Vocês tentam fazer os gostos de todos, não é? – indaguei.

– Sim. Tentamos fazer de tudo para que todos estejam bem e felizes – respondeu Valda.

No outro dia, Lourdes e eu arrumamos nossos pertences. Eu havia recebido três trocas de roupas, dois tênis e um pijama. Também me deram pente e escova de dente. Fátima decidiu que só iria conosco para visitar o lugar, depois voltaria.

Quando Valda chegou para nos levar, estávamos ansiosas, meu coração batia forte.

– Sinto meu coração bater! – exclamei.

– E por que estranha? Não sente fome e sede? Já nos explicaram que este corpo, o perispírito, é parecido com o que usávamos quando encarnadas – falou Lourdes.

Fizemos uma prece de agradecimento por termos sido tão bem-recebidas. Eu roguei coragem e proteção para a nova etapa.

– *Vamos pela parte interna dos prédios. Indo pelo corredor principal, chegaremos lá num instante. Ele passa por todos os setores* – explicou Valda.

Nós três estávamos muito curiosas, olhávamos tudo com atenção.

– *O Educandário Flores de Maria é grande* – continuou esclarecendo Valda. – *A Praça da Fonte é o centro de todos os setores. São oito prédios que dão frente para ela e que se comunicam internamente entre si por um corredor.*

– *Da praça, vi os prédios, em formato octogonal, ou seja, oitavados e todos com a mesma medida de frente* – deduziu Lourdes.

– *É isto mesmo!* – concordou Valda. – *Entre os setores um e oito, está o portão principal que dá acesso à colônia. Atrás dos prédios estão a área de lazer, quadras de esportes, parques com brinquedos, os bosques e os jardins.*

Chegamos ao corredor principal ou círculo, como é chamado. Paramos impressionadas. Ele era largo, com muitas gravuras e plantas nas paredes. Ouvia-se uma música suave.

– *Parece uma escada rolante horizontal!* – exclamou Fátima.

– *É uma passarela rolante!* – corrigiu Lourdes.

De onde estávamos, defrontamos com um espaço fixo. Dali, podíamos ir, pela passarela, de um lado a outro.

– *Aqui deve ser como numa estação de trem, indo para a direita chegamos às escolas; para a esquerda, aos primeiros setores* – concluiu Lourdes.

– *É isso aí, garotas!* – esclareceu Valda. – *Se alguém vem de outro setor para este, pára aqui, e é só caminhar pelo corredor que viemos que entrará na ala de recuperação.*

O corredor tem quatro passarelas; uma que vai para a direita e outra que volta, para os que querem caminhar. No meio encontram-se as duas móveis. Valda nos puxou e fomos para a passarela móvel. Ficamos paradas, e ela se moveu compassadamente. Muitas pessoas caminhavam nas fixas.

– *Muito bom!*

– *Ótimo!*

– *Sensacional!* – exclamávamos, deliciando-nos.

Em muitos trechos havia plataformas fixas. Saímos da passarela móvel e atravessamos. Dando alguns passos, paramos na outra ponte móvel e continuamos pelo corredor. As plataformas fixas davam para corredores que possibilitavam o acesso ao interior dos prédios.

– *Vejam que pinturas bonitas!* – exclamou Fátima.

– *São painéis pintados pelos nossos jovens e crianças* – esclareceu Valda.

As pessoas nos cumprimentavam sorrindo. Estávamos tão eufóricas, Lourdes e eu, que dávamos até gritinhos de satisfação, encantadas com tudo.

– *Queria que mamãe estivesse aqui comigo!* – queixou-se Fátima.

– *Nada é perfeito! Esqueça um pouco deles, Fátima, e aproveite o que nos está sendo oferecido!* – pediu Lourdes.

– *Chegamos, meninas!*

– *Oh!* – exclamei.

– *Já? Que pena!* – expressou-se Lourdes.

– *Vocês irão usar este corredor muitas vezes por dia. Aqui é o setor sete, dos alojamentos* – explicou Valda.

Ouvimos conversas alegres e risos. Passamos por um corredor pequeno e paramos em frente aos elevadores, que eram quatro, e subimos por um deles. Deparamos com outro corredor, e Valda abriu uma porta. Defrontamos com um quarto enorme, com camas, armários, escrivaninhas, mesas de cabeceira, poltronas, todas em número de dez. Havia até alguns biombos, caso alguém quisesse separar o ambiente.

– *Aqui é o seu cantinho, Lourdes, ao lado de Rosângela* – falou Valda apontando.

Nunca havia visto um quarto assim, era como se fossem dez quartos num único espaço. No local onde Valda apontou o meu, tinha um armário com a cama no meio, do lado direito ficava a escrivaninha, dando fundo para o outro cantinho, que pertencia à garota vizinha, e, do lado esquerdo, a poltrona e a mesinha.

Suspirei encantada, sentia-me entusiasmada. Gostei do meu alojamento!

6

Uma moça tão bonita quanto Valda nos recebeu, sorrindo.

– *Sejam bem-vindas, garotas! Sou Isabel, a orientadora de vocês. Qualquer dúvida podem me consultar.*

Abraçou-nos. Gostei dela. Isabel nos esclareceu:

– *Aqui ficarão pelo tempo que estiverem no educandário; por isso, meninas, sintam-se à vontade. Suas escrivaninhas estão vazias, mas logo receberão seus objetos de estudo, que guardarão. Nesta parte do armário poderão colocar os pertences que trouxeram.*

Isabel e Valda ficaram conversando, Fátima nos observava calada. Lourdes e eu arrumamos nossos pertences na parte indicada, cada uma no seu armário.

Não fazia quinze minutos que estávamos lá, quando chegaram outras garotas que dividiriam conosco aquele alojamento.

– Viva! Novas companheiras! Sou Hortência, tenho muito prazer em recebê-las! – exclamou uma menina, sorrindo alegremente.

Todas se apresentaram oferecendo seus préstimos.

– Estamos chegando de uma aula e já vamos sair novamente, iremos ao ensaio do coral. O maestro Carlos e a maestrina Georgina querem que a apresentação seja um sucesso. Vocês vêm conosco? – perguntou Carina.

Ficamos indecisas. Isabel, nossa orientadora, respondeu por nós:

– Elas irão!

Sorrimos contentes.

– Temos de nos apressar, colocar nossos objetos no lugar e trocar de roupa. Mas ainda há um tempinho para conversar e nos conhecermos – disse Leninha.

Ficamos, Lourdes, Fátima, Valda e eu no meu quarto. Tentamos convencer Fátima a ficar conosco. Ela, porém, não quis e pediu à Valda para levá-la de volta.

– Fátima – eu disse abraçando-a –, *que seja somente uma breve despedida. Venha logo ficar conosco.*

– Você não tem medo de permanecer aqui? Mudar de novo? Neste alojamento não teremos Valda para cuidar de nós – falou Fátima, torcendo as mãos com nervosismo.

Pensei, naquele instante em que nos abraçávamos, no que Fátima perguntara. Lembrei do que sentira quando estava chegando o momento de desencarnar. "*Sim, tive medo e ainda poderia voltar a sentir. Mudar, defrontar com o desconhecido, dava-me um 'frio na barriga', como costumava dizer quando encarnada. Mas podemos desvendar o desconhecido como me aconselhou Solange, minha irmã. Deixar de fazer algo por receio não é inteligente.*" Eu já estava morta, ou seja, desencarnada, não tinha volta. Chorar por isso seria uma perda de tempo. Queria aprender a viver no plano espiritual. Resolvi tentar animar Fátima.

– Fatinha, minha amiga, aqui não teremos Valda, porém poderemos vê-la sempre. E depois teremos outras orientadoras, mestres e muitos amigos. Você terá Lourdes e eu, que já conhece. Se ficar, sua cama ficará junto da minha. Se sentirmos medo, poderemos conversar. Espantaremos o receio com algumas risadas.

– Você não está sentindo mesmo falta de sua casa? Parece que não se importa por tê-la deixado – replicou Fátima.

– Sinto falta de todos de casa. Amo-os, fui e sou muito amada. Mas morri, não foi culpa minha, fiquei doente, sofri, e eles sofreram muito também. Mamãe, papai, todos querem que eu esteja bem. Acreditam que estou no Céu e, de certa forma, não pensam errado. Se viver no Céu é estar sem dores, sadia, junto a pessoas boas e amigas, estou no paraíso. Eles me imaginam feliz e não posso decepcioná-los. Quero aprender, conhecer e não posso recusar o que está sendo oferecido a mim. Quero estar bem por eles, que me amam, e por mim. Desejo ser feliz! – falei e alegrei-a pelo que disse.

Era o que eu queria, porém, não tinha ainda pensado nisso. Percebi que Valda me olhava atentamente. Fora ela quem me ajudara a chegar a essa conclusão.

Mas não adiantou, Fátima quis ir embora. Valda despediu-se de nós com carinho. As duas saíram. Lourdes e eu nos olhamos, indagando com este olhar: "E agora?" Hortência aproximou-se de nós, esclarecendo:

– Já estou aqui há três anos. Sou a pessoa que está há mais tempo no alojamento. Podem me perguntar o que quiserem,

responderei o que souber – sorriu alegre e continuou a falar: – *Nos armários encontrarão outras roupas, foram colocadas aí para vocês.*

Hortência abriu a outra parte do meu armário e mostrou-me as roupas. Carina puxou Lourdes pela mão e levou-a até seu roupeiro. Olhei aprovando minhas roupas novas. Na frente de todas as blusas, do lado esquerdo, havia um pequeno e delicado bordado de flores com a inscrição: Flores de Maria.

– *Gostei das roupas! Você gostou, Rosângela?* – perguntou Lourdes.

– *Muito!* – respondi.

– *Hortência, há muitos alojamentos no setor sete? São todos iguais?* – Lourdes quis saber.

– *São muitos!* – esclareceu Hortência. – *Não são iguais. Os dos jovens têm outra decoração. Os das crianças têm muitos brinquedos e mais orientadoras. Neste andar e no de baixo estão os alojamentos das meninas; nos dois andares acima, os dos garotos. No primeiro pavimento e no térreo, estão acomodados os pequerruchos. Assistimos às aulas juntos e participamos de muitas atividades. Eu, após o ensaio, vou para a aula de natação.*

– *Natação?!* – indaguei estranhando. – *Aqui existe água? Piscinas?*

– *Você não tomou água?* – indagou Hortência.

Concordei com um movimento de cabeça, e ela continuou a explicar:

– *Temos água, você tomou e tomará até aprender a viver com esse corpo, que se chama perispírito. Enquanto sentir o reflexo do corpo físico irá beber e se alimentar. Eu quase não me alimento e bebo pouca água. Você não viu as fontes? Ali é uma nascente, e aquela água abastece nosso lar. Atrás do setor oito, temos as piscinas para os internos aprenderem ou praticarem natação. Eu desencarnei por afogamento e fiquei com medo terrível de água. Isso me prejudicava, sonhava com meu desencarne e acordava aflita. Conversei com os psicólogos do educandário e eles me aconselharam a aprender a nadar. Enfrentando o medo, venci-o, e não tive mais esses sonhos. Já aprendi a nadar, agora treino salto n'água.*

Ri. Hortência me olhou também rindo.

– Desculpe-me, achei engraçado. Morta aprendendo a nadar! – comentei.

– Rosângela, é melhor você falar o termo certo. Você se sente morta? Não? Ótimo! É porque não está! Seu corpo físico doente morreu; você, espírito, continua vivendo! E viver é aprender! Aqui você já aprendeu muitas coisas, não é? E o que tem de mais aprender a nadar? – explicou Hortência.

– É que pensei que fantasmas atravessassem a água, não que nadassem! – argumentei.

– Fantasma? Essa é boa! Acha mesmo que somos fantasmas? – indagou Lourdes depois de dar risada.

– Acho que não! Devo ser mesmo uma desencarnada, que sobreviveu à morte do corpo de carne e osso – respondi, rindo.

Olhamos para Hortência, que ria também; sem esperar por nossas perguntas, explicou:

– Não somos fantasmas nem uma visão de terror; somos simples aprendizes deste plano. Estou estudando e sei que tenho muito o que aprender. Vou explicar o que sei, mas se quiserem mais esclarecimentos é só perguntar aos nossos orientadores.

A água, no plano físico, assim como as casas, as árvores, o corpo que usamos, é material. Aqui a matéria é diferente, mais rarefeita, sutil. Observe o corpo de vocês, podem se apalpar e a mim também. Temos tudo o que necessitamos neste local maravilhoso. Encarnados dificilmente nos veem ou a este lugar, por não serem da mesma matéria. Se vocês forem à Terra, poderão vê-los, e eles, infelizmente, não conseguirão vê-las. Não são todas as pessoas encarnadas que nos veem ou nos sentem. Vocês só passarão pelas paredes e andarão em cima das águas quando aprenderem. Aqui, se caírem na água, irão apenas afundar, se não souberem boiar.

– Mas por que se aprende a nadar se quando estiver encarnada a pessoa irá esquecer? – indaguei curiosa e ainda achando engraçado.

Hortência sorriu, ficava muito bonita quando sorria, e falou esclarecendo-nos:

– Pode rir, Rosângela, eu também estranhei muitas coisas por aqui. Primeiramente, devemos querer e gostar de aprender. Temos de ter objetivos e planos para viver bem e no bem e nos esforçar para atingi-los. E, normalmente, para conseguir o que planejamos, temos de estudar, trabalhar e não desperdiçar as oportunidades. Conhecer é um tesouro que nos pertence. Às vezes, nos períodos em que passamos encarnados, os conhecimentos podem ficar escondidinhos, mas eles são nossos. Existem pessoas que aprendem rapidamente quando encarnadas, outras demoram mais para assimilar determinados assuntos. Isso é porque algumas já os sabiam e recordam-se; já outras estão aprendendo mesmo. Aprendi a nadar porque dessa forma pude superar o medo da água e não o levarei para minha reencarnação futura. E se, encarnada, for aprender a nadar, certamente o farei com facilidade.

Hortência aquietou-se e eu pensei: "*Queria tanto aprender a nadar quando estava encarnada, mas não tive oportunidade. Nadar é um esporte, um lazer sadio*".

– *Será que posso ir com você na natação? Gostaria de vê-la tendo aula* – pedi.

– *Acho que pode ir, mas temos de pedir permissão para Isabel* – respondeu Hortência.

– *Carina, você faz natação também?* – perguntou Lourdes.

– *Não* – respondeu Carina. – *Aprendi a nadar quando encarnada e não me interesso muito por esse esporte. Gosto mesmo de dançar. Faço aula de dança três vezes por semana.*

– *Dança?!* – Lourdes e eu exclamamos juntas.

– *Dançar é um esporte porque mexemos com o corpo, é uma terapia que faz bem à mente. Faço aula de balé clássico e também de dança moderna. Dou aulas para as meninas pequenas. Gosto muito, estou feliz por fazer o que amo!*

– *Quero vê-la dançar!* – pediu Lourdes.

– *Artes e esportes são valorizados aqui* – expressou-se Carina.

Nisso, Isabel entrou no alojamento e Hortência lhe pediu:

– *Isabel, Rosângela quer me ver nadar. Posso levá-la?*

– *Vocês irão agora para o ensaio do coral. Depois, vou matriculá-las nas aulas de canto; mas Rosângela pode ir com você. Se ela gostar e quiser aprender a nadar, poderá organizar seus horários, pois se organizando, terá tempo para muitas atividades.*

Conversávamos animadas. Trocamos de roupa. Achei-me linda com o uniforme do coral. Sorri contente ao me ver no espelho.

– *Temos dois uniformes para nos apresentarmos no coral. Este serve para simples apresentações e para o ensaio geral. E este para comemorações importantes* – explicou Carina.

Olhei para a outra roupa que estava no armário. Era uma beca comprida, de um azul clarinho, com o bordado do emblema do educandário, maior.

Fomos para o setor oito, encantei-me novamente com o corredor. Chegamos ao teatro e Isabel pediu ao grupo de novatos que ficasse junto a ela. A garotada conversava entusiasmada. Fiquei sem saber se olhava para o local ou para a meninada. Antes de ir para o seu lugar no coral, Hortência falou-me baixinho:

– *A alegria é contagiante! O canto é uma forma de expressar esse contentamento!*

Observei as crianças. Todas vestiam o uniforme do coral e entraram de mãozinhas dadas. Felizes, riam e conversavam. Achei-as lindas!

Um menino que estava conosco, entre os novatos, observava-me, atento. Olhei para ele, que bateu a mão na testa, como a indicar que se recordara de algo. Aproximou-se de mim e perguntou:

– *Você não fazia tratamento com o doutor Marcelo?*

Confirmei com um movimento de cabeça. Lembrei-me dele. Por muitas vezes nos encontramos no consultório.

– *Morri!* – exclamou ele, sorrindo. – *E, como você, vim me curar aqui. Você está bonita, saudável! Quase não a reconheci. Estou gostando daqui e você?*

– *Acho que estávamos diferentes quando doentes. Você também está com boa aparência. Estou gostando daqui. Você se chama Samuel, não é?*

– *Samuca, de Samuel* – respondeu ele. – *Prazer em vê-la aqui. Vou querer conversar com você para trocarmos opiniões.*

– *Claro, acho que vamos nos encontrar por aí. Você fará parte do coral?*

– *Sim, gosto de cantar* – respondeu ele.

O maestro Carlos bateu palmas e todos silenciaram. Começou o ensaio. A garotada cantava mesmo, sempre obedecendo ao maestro que, para mim, parecia fazer mímicas. Quando acabou o ensaio, Isabel disse-me:

– *Vá com Hortência para vê-la nadar. Amanhã você irá para a aula de canto.*

7

Conversas e risos. Os primeiros a sair foram os pequeninos. Hortência aproximou-se de mim, pegou minha mão e foi me arrastando.

– *E aí, Rosângela, gostou do coral?*

– *Muito. Quero aprender tudo, as letras das músicas, e entender os gestos do maestro. Os pequeninos entendem?*

– *Claro que entendem. Eles gostam de cantar. É lindo quando eles se apresentam sozinhos. Emociono-me todas as vezes que os vejo. Nós os chamamos de pequenos cantores. É o coral da garotada de até seis anos. Mas eles gostam de cantar conosco, os maiores. As piscinas estão aqui neste setor, no oitavo.*

Caminhamos ao ar livre, passamos pelas quadras. Quis parar para ver os pátios, mas Hortência puxou-me:

– *Você terá tempo para ver tudo; agora vamos, a aula tem hora marcada. Não posso me atrasar.*

O dia estava maravilhoso, acho que nunca antes tinha visto uma tarde tão linda. Ou será que não havia prestado atenção no tempo? Creio que basta olhar com amor para ver beleza na natureza. Senti vontade de pular, e pulei, cantando uma das músicas que escutara. Hortência me olhou, compreendendo-me e, juntando-se a mim, pulou e cantou também.

Logo chegamos às piscinas. Eram em número de quatro, de diversos tamanhos e água límpida. Muitas crianças e jovens se preparavam para a aula. Parei e, admirada, fiquei observando as piscinas. Hortência puxou-me novamente.

– *Venha, Rosângela, vou apresentá-la à minha professora.*

Aproximamo-nos de uma moça muito simpática, que sorriu ao nos ver. Hortência apresentou-me:

– *Narcisa, aqui está Rosângela, que é recém-chegada da crosta. Ficou curiosa quando lhe falei que estava tendo aulas de natação e veio me ver nadar.*

– *Seja bem-vinda!* – falou Narcisa beijando-me. – *Fique à vontade e, se quiser, sente-se ali.*

Sentei-me no lugar em que ela indicou, uma fileira de cadeiras ao lado da piscina número três. Hortência correu para o vestiário e logo voltou com um maiô azul. Vendo que eu a observava, deu um salto espetacular e nadou em várias modalidades. Fiquei encantada, aplaudia suas proezas na água. Desejei nadar com ela. Quando terminou a aula, Narcisa aproximou-se de mim e pedi a ela:

– *Queria saber nadar. Será que posso aprender?*

– *Claro que sim! Quando fizer seu horário de estudo, poderá se organizar. Sabendo de seu tempo livre, volte aqui e matricule-se. Aprenderá rápido!*

Voltamos pelos fundos, e Hortência explicou-me:

– *Atrás dos prédios, ao ar livre, há lugares de lazer e esporte. Estes estão mais concentrados no setor oito. É aqui o lugar mais gostoso do educandário.*

Vi os campos de futebol, as quadras de vôlei e de basquete, que estavam todas ocupadas. Hortência nem esperou que eu indagasse e esclareceu-me:

– *Rosângela, a desencarnação não nos transforma de imediato. Continuamos por algum tempo a gostar do que conhecíamos e a querer prosseguir com as atividades esportivas. O lazer faz parte da nossa recuperação e adaptação. Aprendemos muito com os esportes, as artes e as músicas. Você frequentará a escola, aprenderá conhecimentos gerais e terá aulas de evangelização. Aqui não é um lugar triste, que só tem obrigações; temos diversão e amor; é um lar. Nada porém de exageros. Eu era muito desorganizada com horários. Aqui aprendi a dividi-los e a ocupar todas as horas do dia. E me sinto ótima!*

Passamos por um imenso parque, vi muitas crianças brincando alegremente.

– *Podemos vir no parque. Temos, porém, dia e hora certa para visitá-lo. É muito gostoso!* – exclamou Hortência.

Chegamos ao setor sete.

– *Rosângela, vim com você pelo caminho mais longo para que conheça o nosso lar, ou seja, o Educandário Flores de Maria. Ali temos o bosque, o mais bonito da nossa colônia. Podemos pegar livros na biblioteca e lê-los sentadas nos confortáveis bancos espalhados por aqui. Há também o auditório, que fica ao ar livre, onde, muitas vezes, o coral ensaia, e temos também apresentações de recitais e concertos musicais.*

Lindas árvores faziam sombra nos bancos, e flores enfeitavam o local, dando um colorido maravilhoso.

Entramos em nosso alojamento. Eu estava cansada, mas eufórica com tantas novidades. Lourdes, assim que me viu, disse sorrindo:

– *Rosângela, matriculei-me na aula de canto, e Isabel fez sua matrícula. Teremos aulas duas vezes por semana, até aprendermos o suficiente para participar do coral.*

Isabel estava no nosso alojamento e fez um sinal com a mão, nos chamando para nos transmitir algumas recomendações:

– *Meninas, quero que se sintam à vontade conosco, como se fosse o lar de vocês. Amanhã, cedo, irão para a escola. E, por ser o primeiro dia, irei acompanhá-las.*

– *É que eu...* – falei e não completei, não tive coragem.

– *O que foi, Rosângela? Por favor, fale* – pediu Isabel, abraçando-me.

Aconcheguei-me nos braços dela e acabei confessando:

– *É que estou atrasada nos estudos. Por causa de minha doença não fui mais à escola e não tive ânimo para estudar sozinha. Ia completar catorze anos e só estudei até a quarta série.*

Lourdes, que ouvia, comentou:

– *Eu tenho onze anos, pensei que você também tivesse.*

– *Aqui, Rosângela, estão as meninas da faixa etária de onze a doze anos. É como se sentem. Entendeu? E há uma garota de doze anos no quarto das que têm dezesseis* – explicou Isabel.

– *Entendi! Acho, sinto que sou criança!* – exclamei.

– *Você não teve tempo, quando encarnada, de passar pela adolescência. E não ficará atrasada nos estudos. Já sabemos que teve de parar de estudar e, por favor, não se envergonhe. Não devemos nos envergonhar de não ter feito algo que não estava ao nosso alcance. Até o final do ano, você frequentará a quarta série. Tenho certeza de que acompanhará a turma, porque temos aulas de reforço. E agora, sadia, terá bastante ânimo para estudar.*

– *Que bom!* – exclamei aliviada.

– *Nos setores, do dois ao sete, e no térreo, há refeitórios. Se sentirem fome, podem ir lá e fazer uma refeição* – explicou Isabel.

– *Todos que vivem aqui vão ao refeitório? As meninas deste quarto se alimentam?* – indagou Lourdes.

– *Nem todas* – respondeu Isabel. – *Com o tempo, aprende-se a viver com este corpo perispiritual, libertando-se dos condicionamentos do corpo físico. Não precisam ter pressa para adquirir esses conhecimentos; enquanto não aprendem, podem alimentar-se à vontade.*

Passei a mão no estômago e pensei em comida, sentindo fome. Deu-me vontade de tomar um grande prato de sopa e comer pipocas. Só em pensar nelas, quentinhas e saborosas, minha boca encheu-se de água. Gostava muito de pipocas, porém, por causa de minha doença, não podia comê-las. Isabel adivinhou, ou melhor, leu meus pensamentos, como soube depois, e falou:

– *Vou pedir que Margarida, a senhora que trabalha no refeitório, faça uma deliciosa travessa de pipocas.*

– *Pipocas! Eu também quero!* – exclamou Leninha, uma companheira de quarto. – *Há tempos que não me alimento, mas me deu vontade de comer pipocas. Esperem por mim, vou acabar de fazer esta lição. Não posso deixar para fazê-la à noite, porque vou encontrar meu avô.*

– Encontrar seu avô? Como? Por quê? – indagou Lourdes.

– Meu avô Lauro desencarnou há dez anos, mora na colônia e nos encontramos sempre para conversar. Gosto muito dele – respondeu Leninha entusiasmada.

– Eu tenho uma tia aqui, é tia de minha mãe. Ela se chama Ana Elisa, trabalha na colônia. Está desencarnada há muito tempo e ajudou-me muito – expliquei.

– Quase todos nós temos alguém querido desencarnado. E essas visitas e encontros são constantes. Quando desencarnei, um senhor auxiliou-me muito. Não o conhecia, só depois de algum tempo soube que ele fora meu pai na encarnação anterior – disse Isabel.

– Eu não tenho ninguém da família por aqui. Meus avós estão encarnados, pais, meu irmão, tios, não recebo visitas de nenhum familiar – lamentou Marina.

– Aqui, somos todos uma grande família. Agora, meninas, tenho de ir, e não se esqueçam de mim, me chamem sempre que precisarem – falou Isabel, retirando-se.

Sentamos, Lourdes, Marina e eu, nas poltronas, esperando Leninha terminar a lição. Olhei para Marina e senti pena. Eu tinha minha tia, era alguém da família; só de pensar nela, sentia-me protegida. Percebi minha amiga triste, quis distraí-la e indaguei:

– Marina, como você desencarnou?

Ela suspirou, demorou alguns segundos para responder, como se tivesse pensado no que falar, depois, respondeu devagar:

– *Éramos pobres, vivíamos em dificuldades financeiras. Meu sonho era ter uma bicicleta. Para ter uma, estudei muito e tirei ótimas notas. Meus pais fizeram um sacrifício e me deram uma no Natal. Foi uma felicidade. Eu andava de bicicleta por todo o bairro, tinha muito cuidado. Depois de seis meses, sofri um acidente. Estava voltando para casa depois de ter passeado com algumas amigas, quando um menino atravessou meu caminho. Ele estava brincando, saiu correndo e não me viu, nem eu a ele. Só notei sua presença quando estava à minha frente. Brequei e tentei desviar; caí e bati a cabeça na guia da calçada. Desencarnei na hora. Ainda ouvi gritos, depois o silêncio, e acordei aqui, no educandário. Todos sentiram minha desencarnação. Mas minha mãe, que é uma pessoa excelente, confortou a todos e ajudou-me muito. O menino ficou desesperado e foi ela quem o consolou, dizendo que ele não tivera culpa. E, realmente, não houve culpados. Aconteceu! Só de pensar na minha mãe, sinto-me motivada, com vontade de viver e ser feliz.*

Sorri para ela e falei:

– *Quem tem uma mãe como a sua não tem por que sentir falta de parentes aqui. Vamos esquecer a nossa desencarnação.*

– *Vamos falar de vida! Todos me agradam tanto, estou muito feliz aqui* – exclamou Lourdes.

Marina despediu-se de nós indo para o seu cantinho. Olhei para Lourdes e perguntei:

– *Lourdes, você quer ser minha amiga? Mas amiga mesmo? Aquela em quem se pode confiar?*

– *Quero! Então, amigas para sempre!*

Abraçamo-nos. Leninha terminou a lição, e lá fomos nós para o refeitório.

8

Descemos pela escada cantarolando baixinho. Leninha nos levou até o refeitório. O local era muito agradável e arejado. Era uma sala com doze mesinhas, tudo muito limpo, na cor bege; nos azulejos havia faixas florais. Leninha cumprimentou Margarida, apresentou-nos e pediu:

– *Duas sopas grandes para elas, depois, pipocas!*

– *Aqui tem pipocas? Vou querer!* – exclamou um garoto, que estava com outros dois meninos, sentados ao nosso lado, comendo sanduíche e tomando refrigerante.

– *Adolfo, hoje você já se alimentou, teve o seu sanduíche e refrigerante. Deixemos a pipoca para outro dia, está bem?* – falou Margarida, afastando-se e entrando em outra sala.

Leninha explicou-nos:

– *Aqui somos educados para ter uma boa alimentação. Enquanto estamos no período da adaptação é permitido que tenhamos algumas regalias, mas nada de excessos. Podemos tomar sorvetes, comer doces, tudo o que gostávamos quando encarnados, até que...*

– *Já sabemos* – interrompeu Lourdes –, *que aprendemos a viver sem nos alimentar. Vou gostar de ficar sem comer, vou mesmo!*

Margarida trouxe duas tigelas com sopa. Leninha ficou quieta, esperando. Tomei-a e achei deliciosa. Como era bom poder me alimentar, sentir o gosto dos alimentos, não ter dores para engolir e não ter enjoos. Parei um pouquinho para exclamar:

– *Obrigada, meu Deus, por este alimento!*

Comi tudo. Margarida retirou os pratos e nos trouxe uma tigela grande com pipocas. Que gostoso!

Lourdes deu uma gostosa gargalhada. Olhamos para ela, que explicou:

– *Lá na Terra, todos imaginam que virei um anjo com asas e que estou sentada em uma nuvem! E aqui estou com meus amigos, num refeitório, comendo pipocas e me preparando para estudar!*

– *Isso não é maravilhoso?* – disse Leninha. – *Não queria ficar na ociosidade! Deus é bondoso demais! Sou grata por estudar. Sou estudiosíssima! Desencarnei com nove anos, agora tenho doze e estou cursando o ensino fundamental. Logo irei para uma colônia de estudo.*

– *Leninha, você é um gênio!* – exclamou Lourdes.

– *Não. Sou apenas estudiosa! Quero aprender muito e pôr em prática o que aprendo* – respondeu ela.

Após terminar de comer as pipocas, subimos para nosso quarto. Sentia-me com sono e cansada com tantas atividades. Assim que nos viu, Hortência deu-me um papel e falou:

– Rosângela, sua tia Ana Elisa lhe deixou este bilhete.

Abri o envelope. Em uma folha de papel estava escrito com letra delicada:

"Querida sobrinha.
Soube que passou o dia bem e que fez amizades. Não quis atrapalhá-la enquanto saboreava as pipocas. Amanhã, virei vê-la. Lembre-se de que estou com você em pensamento. Tenha um bom início de aula.
Beijos,
Ana Elisa."

Guardei o bilhete na minha escrivaninha, olhei para as meninas e perguntei curiosa:

– O que iremos fazer agora? Estou com sono! Será que posso dormir? O que vocês fazem à noite? Como fica o alojamento?

As meninas riram baixinho. Hortência apontou para uma pequena luz em cima da porta da entrada e me respondeu:

– Rosângela, quando esta luz estiver verde não poderemos mais fazer barulho, nem falar ou rir alto. Já estaremos em horário de silêncio e só poderemos conversar baixinho. Muitas de nós dormem, e as que não adormecem, aproveitam para estudar, ler e descansar um pouquinho. Claro que você pode dormir! Eu às vezes durmo, e quando o faço é por cerca de três horas. Você e Lourdes devem trocar de roupas, deitar-se e dormir para descansar, porque amanhã acordarão cedo para ir à escola.

Vi as meninas se acomodarem, algumas nas escrivaninhas, para fazer lição; outras, nas poltronas, para ler ou estudar, todas acenderam as luzes dos abajures. A maioria estava quieta; outras, falavam entre si, baixinho.

– *Esta lâmpada funciona assim* – continuou Hortência, explicando: – *quando ela está vermelha podemos cantar, conversar, dentro de certa ordem para não virar bagunça. Alegria sim, excesso e arruaça não.*

Márcia estava perto de nós, suspirou, olhou para Hortência e falou:

– *Amiga, estou aqui há oito meses. Gosto muito deste lugar, só que, às vezes, sinto remorso por estar tão bem, sabendo que meus pais, minha família, sofrem por mim.*

– *O que você deseja a eles, Márcia?* – perguntou Hortência.

– *Que sejam felizes, que estejam consolados, com saúde, que se amem, apenas coisas boas...* – respondeu Márcia.

– *E eles, o que será que querem para você?* – perguntou nossa amiga.

– *Eles querem que eu esteja no Céu, sadia, sem problemas e feliz* – respondeu Márcia sem vacilar.

– *E você, como uma boa menina, deve obedecê-los* – aconselhou Hortência. – *Eu também passei por isso, como muitas outras companheiras. Muitas vezes, tive vontade de estar ao lado deles, sofrendo e chorando junto. Compreendi pelos ensinamentos que recebi aqui, que, dessa forma, só iria piorar a situação, e que o tempo se encarregaria de suavizar nossas dores. Se vivêssemos só uma vez encarnados, e se a morte do corpo físico nos separasse para sempre dos nossos afetos, teríamos, então, motivos para nos lamentar. Todos nós temos de estagiar lá e aqui. Nossos pais já estiveram desencarnados e vão estar novamente. Lá na Terra não há só dores, há muitas alegrias. Nos dois planos temos oportunidades de progredir espiritualmente, encontrando dificuldades e problemas a serem resolvidos. Aqui também precisamos estudar, trabalhar e continuar aprendendo. A vida para quem merece estar numa colônia é maravilhosa, mas ainda não é isenta de obstáculos a serem solucionados. Você, Márcia, está agora vivendo esse dilema que a impede de sentir-se melhor. Não sinta remorso por se sentir feliz e, sim, tente ficar cada vez mais contente!*

– *Hortência, você é de fato muito sábia!* – exclamou Lourdes com admiração.

– *Aprendi, amiga* – continuou Hortência a falar. – *Escutei tudo isso nas aulas de evangelização, das orientadoras e de Isabel. Ouvi, raciocinei e concluí que o certo é você estar bem, porque quando nos sentimos felizes e alegres, irradiamos bons fluidos para os outros e, de certa forma, contribuímos para a melhoria do local em que vivemos, encarnados ou desencarnados. Não pense nos seus entes queridos sofrendo, mas, sim, neles alegres. Motive-os, com pensamentos otimistas, a estar bem para que eles possam, também, ao desencarnar, merecer socorro e viver conosco. Mas só desejar é pouco. Aprender e colocar em prática esses conhecimentos é o que nos torna aptas a ajudá-los.*

Concordamos com ela. Hortência nos deu uma aula preciosa.

– *Obrigada, Hortência, estou me sentindo melhor! Você tem razão, separação nenhuma é definitiva. O importante é que eu os amo e sou amada. Vou me esforçar para estar sempre feliz, como eles desejam que eu esteja!* – expressou-se Marina emocionada.

– *Vocês, meninas, vão aprender como aprendi e aprendo. Agora, vou ler um livro; e, vocês, devem se preparar para descansar, pois amanhã participarão de muitas atividades. Boa noite!*

Fui higienizar-me, escovei meus dentes. Depois, olhei-os no espelho e vi que estavam sadios. Quando doente, pelos remédios fortes, meus dentinhos ficaram fracos, cariados e, como dizia vovó, "remendados". Voltei ao quarto correndo. Isabel estava lá, veio ver se tudo estava bem. Como soube depois, as orientadoras dos alojamentos, quando há novatas, estão sempre por perto. Ainda bem que me lembrei da luz verde e falei baixinho:

– *Isabel, meus dentes estão sadios! Veja!* – Abri bem a boca.

Isabel deu uma olhada, sorriu e explicou:

– *Seu corpo perispiritual é sadio, pois você não ficou com os reflexos da doença, que estava apenas no físico. Você tem dentes bonitos!*

Fiquei com vontade de pular e cantar, mas não o fiz, sabia que devia respeitar o horário.

Deitei-me, acomodei-me no leito limpinho e cheiroso. Como é bom ter sono, poder dormir tranquila, usar o leito para descansar após um dia de atividades. É triste quando usamos a cama por não ter disposição, quando adoentados. Senti muito prazer em estar deitada e com sono.

Lembrei-me de todos os que amava e desejei a eles que também pudessem adormecer em paz e que se sentissem bem. Orei. Fiz uma prece de agradecimento, não pedi nada para mim, estava contente, só roguei pelos meus familiares.

Dormi rápido, acordei escutando uma música suave e com Isabel me chamando baixinho:

– Acorde, Rosângela! Você terá sua primeira aula daqui a pouco.

Espreguicei-me e ia levantar-me, quando Isabel recomendou-me:

– Deve orar primeiro, menina. Faça uma oração baixinho.

Sentei-me, orei uma Ave-Maria e depois fiz uma prece do que sentia:

"*Deus, nosso Pai, estou contente por estar aqui, entre amigos. Por favor, ajude-me a ser digna destas amizades e merecedora de continuar aqui! Agradeço pelos meus dentes sadios e pelo meu corpo!*"

Isabel me olhou sorrindo, certamente aprovando minha prece. Ela ajudou, Lourdes e eu, a trocarmos de roupa. Desceu conosco ao refeitório, onde tomamos suco, comemos bolacha e pão. Tudo muito gostoso.

– Vamos, garotas, para o setor da escola! – Isabel convidou-nos.

Fomos pelo corredor central. Lá estavam muitos jovens, conversando, alguns usando as esteiras rolantes, outros caminhando.

Isabel delicadamente nos puxou para as esteiras, porque tanto Lourdes quanto eu estávamos paradas olhando todo o movimento.

Eu estava um pouco apreensiva, sentindo o receio do recomeço, de uma atividade nova. Senti meu coração pulsar forte. Ia indagar, mas me lembrei de que o corpo com o qual me apresentava era como o físico, por isso, tentei tranquilizar-me e confiar. Fiquei a admirar aquele corredor, que achava o máximo.

9

Passamos pelo setor seis, a escola infantil, e chegamos ao quinto. Paramos na plataforma fixa e caminhamos por outro corredor, entrando no prédio. A escola para jovens! Lourdes e eu observamos atentas, curiosas e admiradas. Isabel esclareceu-nos:

– *À nossa esquerda, está o auditório, onde poderão vir para assistir a palestras, peças teatrais, escutar músicas etc. Temos também neste setor outro auditório, ao ar livre, nos fundos do prédio, para essas atividades. Ali estão as salas dos orientadores e professores e, à nossa direita, as salas de aula. Venham, vamos por aqui.*

Passamos por outro corredor, à direita, e vimos várias portas.

– *Como tudo isto é fantástico!* – exclamei.

– *Ainda bem que não estamos no Céu sem fazer nada! Seria muito enfadonho!* – expressou-se Lourdes.

Concordei com ela. Isabel parou, nós duas paramos juntinho dela. Nossa orientadora explicou com naturalidade:

– *Aqui estudará você, Lourdes querida. Vou entrar junto, apresentá-la à turma e ao mestre. Rosângela, espere-me aqui, depois vou levá-la até sua sala.*

Esperei ansiosa, encostando-me à parede. Por mim passaram muitos jovens, que me cumprimentaram sorrindo e entraram nas classes.

"*Acho que estou demonstrando ser novata! Ainda bem que todos já foram principiantes um dia*", pensei me consolando.

Nem prestei atenção na conversação que vinha da sala de Lourdes. Quando Isabel saiu e fechou a porta, senti-me aliviada. Ela pegou minha mão e, delicadamente, transmitiu-me calma:

– *Vamos, Rosângela, para sua sala!*

Rumamos para o outro lado. Compreendi que iria para a quarta série.

"*Vou estudar muito e recuperar meu atraso nos estudos!*", pensei.

Espantei-me com o que Isabel falou:

– *Rosângela, você não está atrasada nos estudos! Está na série certa! Pronto, chegamos, é aqui!*

Deu umas leves batidinhas na porta, abriu-a, conduziu-me pela mão e entramos. Senti calor no rosto, sinal que ficara corada. Ninguém demonstrou ter notado. Isabel me apresentou:

– *Esta é Rosângela, a nova amiga de vocês!*

Todos me olharam sorrindo. Só vi rostos e escutei algumas expressões de boas-vindas. Isabel continuou a apresentação:

– Este é o professor Heitor. E aqui estão seus colegas, logo saberá o nome de todos. Tchau, Rosângela, tchau, garotos!

Isabel saiu. Por instantes fiquei sem saber o que fazer. Tive vontade de voltar com ela. Mas logo duas garotas levantaram-se, sorrindo, levando a turma ao riso ao dizerem juntas:

– Rosângela, sente-se perto de mim!

Professor Heitor disse amavelmente:

– É um prazer enorme tê-la conosco, Rosângela! Acomode-se onde quiser. Estamos na aula de conhecimentos gerais. Não se acanhe de perguntar e pode contar conosco no que precisar.

Prestei atenção. Não conhecia a matéria, mas com a explicação entendi e fiz o exercício. Dora, a garota ao meu lado, deu-me algumas dicas. Gostei da aula. No intervalo, todos saímos da sala e fomos para o pátio. Atrás do prédio da escola havia um parque, quadras de esporte, um jardim e muitas árvores; a meninada espalhou-se. Dora e Beatriz me deram as mãos.

– Temos um intervalo de trinta minutos – falou Beatriz. *– Depois, teremos aula com a professora Alice e, após, aula de moral evangélica, a mais importante do dia, com a professora Ester. Nessa aula, nós conversamos, trocamos informações e aprendemos muito.*

– Há muitas crianças, jovens, aqui? Todos os que morrem vêm para cá? – perguntei.

– A professora Ester nos ensinou que existem muitas colônias infantojuvenis pelo mundo, pelo Brasil. No plano espiritual de quase todas as cidades dos encarnados existem moradas de desencarnados, e em muitas há partes reservadas

para crianças e jovens; são conhecidas normalmente por educandário, lar das crianças e muitos outros nomes. Não sei quantos somos aqui. Você pode perguntar à professora Ester. O Flores de Maria é grande e lindo. Amo este lugar – respondeu Dora.

– *Rosângela! Que bom revê-la!* – Lourdes me abraçou como se não me visse há tempos.

– *Oi, Lourdes! Gostou da aula? Você está bem?* – perguntei.

– *Tudo bem* – respondeu ela. – *Gostei dos meus novos amigos e do ensino. Vou amar esta escola! E você, está estranhando?*

– *Estou me adaptando e, como você, gostando* – respondi.

Lourdes contou-me rapidamente tudo o que aconteceu. Logo o intervalo acabou. Dora convidou-me para voltarmos à sala de aula. Gostei da professora Alice. Compreendi que ali não só apresentavam as matérias, mas também as ensinavam, e todos os alunos aprendiam.

Mas gostei mesmo foi da aula de moral evangélica e da professora Ester, que era negra, alta e linda. Todos da classe a admiravam, pois tinha um modo meigo de ensinar. Nesta aula, os alunos podiam falar de si, de suas experiências e de seus sentimentos. Escutei tudo com atenção.

– *Professora Ester, a senhora há tempos nos prometeu contar sua história. Por que não o faz hoje?* – pediu Dora.

Nossa professora sorriu. Tinha o sorriso mais lindo que eu já vira. A classe toda ficou em suspense esperando, e, com uma voz agradável que transmitia tranquilidade, ela respondeu devagar:

– Está bem, vou falar de mim. Desencarnei com três anos, sofri um acidente, um tombo de uma escada, em que quebrei a coluna cervical.

– O pescoço? – perguntou Romério.

– Sim, desencarnei assim que caí. Era uma boa menina e vim para cá, onde estudei como vocês. Cresci, tornei-me adulta, aprendi muito e, no momento, ensino vocês. Pretendo voltar ao plano físico, ser uma professora para instruir e educar crianças e jovens.

– Por que você não quis retornar à sua forma perispiritual anterior? – indagou Joaquim.

– Se o fizesse, iria recordar minha encarnação anterior e não era conveniente para mim naquele momento – respondeu a professora Ester.

Como não entendi, levantei a mão e perguntei admirada:

– Isto é possível? O que quis dizer? Não entendi.

– Rosângela, meu bem – esclareceu a professora –, *você irá aos poucos compreender a vida como única. A reencarnação é um fato. Lá no plano físico, vivemos encarnados. Com a morte do corpo carnal, voltamos para a espiritualidade. Depois de um tempo aqui, reencarnaremos, nosso espírito voltará a animar outro corpo carnal.*

Fiquei com vergonha de perguntar mais, porque vi que todos estavam interessadíssimos na história da professora. Iria, com certeza, aos poucos compreender mais. Prestei atenção, Ester reiniciou sua história:

– Agora sei da minha encarnação anterior a esta em que recebi o nome de Ester, e compreendo o porquê do meu desencarne precoce. Quero lembrá-los que o acontecido comigo

não é regra geral e que são muitos os motivos para termos uma encarnação mais breve. Chamava-me Glória, era uma moça bonita e envolvi-me com uma pessoa que me abandonou. Estava grávida, fiquei desesperada, perturbada e me suicidei. Impedi que um espírito reencarnasse, porque meu filho morreu comigo. Sofri muito, arrependi-me pelo ato impensado; fui socorrida anos depois e orientada. Tive outra oportunidade e a bênção do esquecimento. Reencarnei.

– *Como Deus é boníssimo!* – exclamou Luiza. – *Em vez de deixar o suicida no inferno para sempre, dá a ele novas oportunidades. A senhora errou, sofreu, converteu-se, e hoje a temos conosco!*

– *Gosto muito da senhora! Ajudou-me tanto! Ouvir sua história dá-nos esperança! Uma ex-suicida nos dando aulas de grande importância!* – exclamou Beatriz.

– *Meus alunos, sou grata pela demonstração de afeto. Eu também os amo! Devemos amar sempre, mas quem errou muito como eu e foi perdoado, acho que deve amar mais ainda.* – falou Ester emocionada.

– *Acho que se todos desta classe recordassem suas existências passadas, teríamos aqui assassinos, ladrões, etc. O Pai não nos condena, somos todos perdoados!* – exclamou Romério.

– *Perdoados conforme perdoamos* – completou a professora –, *o que não nos isenta das reparações.*

– *Benditas sejam as oportunidades!* – falou Rodrigo.

– *Obrigada, meu Deus, pelas reencarnações!* – concluiu Dora.

Fiquei quieta, escutando, e, mesmo não compreendendo tudo o que era dito, senti a imensa misericórdia do nosso Pai Criador. Ele é justo e nos dá um grande exemplo de amor.

As seis horas de aula passaram rapidamente. Ao sair da classe, encontrei Lourdes me esperando. Fomos andando pelo corredor, olhando tudo, na direção do refeitório.

– *Vamos por aqui* – opinou Lourdes.

Vimos um garoto que aparentava ter treze anos pintando a parede, do lado esquerdo do corredor. Paramos, encantadas com sua pintura. Ele escreveu acima das gravuras:

"Desenhos feitos por Nestorzinho, que imaginou quantas vezes Jesus sorriu quando esteve encarnado na Terra".

Ele dividiu a parede em espaços iguais. Havia pintado alguns, outros estavam no esboço, e muitos, em branco.

– *Veja, Rosângela* – falou Lourdes, mostrando a primeira pintura. – *Aqui está Jesus, nenezinho, sorrindo para sua mãe Maria, que está brincando com ele.*

– *Você desenha e pinta muito bem. Parabéns!* – eu disse ao Nestorzinho, que parou de pintar e veio até nós.

– *Como você teve essa ideia? Gosta de pintar?* – perguntou Lourdes.

– *Primeiramente, agradeço-lhes por me elogiarem. Gosto de pintar. Desencarnei aos dez anos. Encarnado, gostava muito de desenhar; aqui, dedico minhas horas de lazer à pintura. Fui, numa outra encarnação, um pintor, dediquei minha vida à pintura e a muitos vícios.*

Nestorzinho riu, fez uma pausa e continuou:

– *Um dia, na aula de evangelização, escutando a passagem em que Jesus ensinava as crianças, fiquei pensando na expressão dele. Será que sorria ou ficava o tempo todo sério? Optei pelo sorriso. Jesus sorria, concluí. E será que foi só essa vez que ele sorriu? Tive a certeza que não. Assim, resolvi pintá-lo nesta parede comprida e pedi permissão para vovó Lala; com a autorização obtida, comecei a trabalhar.*

Lourdes sorria ao ver as pinturas.

– *É isso que eu quero!* – continuou Nestor a explicar. – *Que as pessoas sorriam ao vê-las. Aqui, imaginei Jesus recebendo carícias de sua mãe e sorrindo. Nesta, José, seu pai, dá-lhe um brinquedo que ele fez na sua carpintaria. Jesus o recebe sorrindo. Na terceira, estão os três sentados à mesa para fazer a refeição; Jesus agradece o alimento e sorri. Olhem para a quarta: o Menino Jesus brinca com outras crianças e está sorrindo. Na quinta, um pássaro vem comer na sua mão. Na sexta, ele está moço e anda sobre as águas, sorri com a brisa suave erguendo seus cabelos. Estou desenhando Jesus adulto e ensinando crianças.*

Nestor olhou-me e sorriu. Acho que ele sorria o tempo todo. Depois de me observar bem, pediu:

– *Posso pintar seu rosto entre as crianças que escutavam Jesus? Você está com a expressão de "quero aprender".*

– *Ficarei contente de servir de modelo. Preciso posar?* – perguntei.

– *Não, já gravei suas feições e expressão na minha memória* – respondeu Nestorzinho.

– *Eu nunca pensei no sorriso de Jesus* – falou Lourdes. – *Vi, quando encarnada, na igreja que frequentava, a imagem de Cristo-rei, Jesus com a coroa de espinhos, todo machucado. Chorei, fiquei triste. Agora, vendo suas pinturas, sinto vontade de sorrir, fiquei alegre, sinto-me bem. Que mais você irá pintar?*

– *Jesus com seus discípulos, um quadro dele recebendo demonstrações de carinho de seus seguidores, orando no Jardim das Oliveiras. Vocês têm alguma ideia?*

– *Acho que Jesus sorriu quando Pedro afundou nas águas* – opinou Lourdes.

– *Quando nosso Mestre viu que todos se alimentaram quando ele multiplicou os pães e os peixes depois do Sermão do Monte* – sugeri.

– *Boas sugestões!* – agradeceu Nestorzinho.

Deixamo-lo em seu trabalho e fomos embora, encantadas com as pinturas criativas do jovem Nestor.

10

Chegamos ao refeitório.

– *Estou com fome! Fiquei ansiosa com tantas novidades e quando me sinto assim fico faminta!* – exclamou Lourdes.

– *Eu também estou com fome!* – expressei-me.

Alimentamo-nos com um delicioso caldo, comemos pães, frutas e tomamos suco.

– *Tudo está tão gostoso!* – exclamei. – *Não sei se vou deixar de me alimentar. Quando doente, no corpo físico, alimentava-me pouco, não sentia o gosto dos alimentos e...*

– *Esqueça esses momentos tristes. Aqui, tudo é tão agradável!* – aconselhou Lourdes.

Concordei com a cabeça, pois estava com a boca cheia de pão. Quando terminamos, retornamos ao nosso quarto. Depois de um descanso, fomos, Lourdes e eu, para a aula de canto, que seria na própria escola, no setor cinco da ala três. Lá, havia várias salas. Curiosas, entramos em muitas.

Vimos muitas crianças e jovens tendo aulas e tocando instrumentos musicais. Vi, surpresa, Samuel aprendendo a tocar guitarra. Ele me acenou alegremente.

A maestrina Georgina nos esperava, cumprimentou-nos dando boas-vindas e explicou:

– *A música nos enaltece! É uma grande terapia! Temos bons mestres de música e são vários os instrumentos que se pode aprender.*

Havia doze pessoas reunidas numa sala, jovens e crianças. A maestrina Georgina iniciou sua aula. Achei fácil, comecei a entender os gestos do dirigente de um coral. Quando terminou a aula, Lourdes e eu voltamos ao nosso quarto, que a turma chamava de vários modos: alojamento, cantinho, sala ou salinha, e até de casa. Sentei-me na frente da escrivaninha e fui rever a matéria da aula. Hortência aproximou-se, prestativa.

– *Quer ajuda, Rosângela?*

– *Quero!* – respondi contente. – *Vou dizer a você como se faz esse exercício, e, por favor, verifique se acerto. Quero acabar logo, pois Isabel matriculou-me na natação e terei a primeira aula às dezenove horas.*

Hortência ajudou-me e foi comigo até as piscinas.

– *Rosângela, agora voltarei, pois tenho tarefas a fazer. Boa aula!* – despediu-se Hortência.

Fui recebida por um professor que se apresentou sorrindo:

– *Sou Rafael, estou no Flores de Maria há três anos. Quando encarnado, sabia nadar bem, sofri um acidente e desencarnei numa piscina. Aconselhado pelos orientadores, continuei a nadar aqui e passei a ser instrutor de natação.*

Estou contente por fazer algo pelo lugar que me abrigou com tanto amor.

– Como desencarnou numa piscina, se sabia nadar? – perguntei curiosa.

– Fiz um passeio com amigos, fomos pela primeira vez a um clube muito bonito. Encontrei uma amiga e ficamos conversando. Quando fui para as piscinas, vi dois amigos numa delas, com água até o pescoço, e não tive dúvida: dei um mergulho de cabeça. Escutei-os gritar para que não pulasse, achei que era brincadeira. Saltei e não vi mais nada. Acordei no hospital, tetraplégico, havia fraturado a coluna. Não percebi que os dois amigos estavam agachados e que a piscina era rasa. Fiquei dias hospitalizado, tive uma parada cardíaca e desencarnei.

Depois de ouvir sua história, entramos numa das piscinas. A água estava muito limpa, e sua temperatura, agradável. Rafael, pacientemente, foi me explicando tudo, e a aula passou rápido.

– Rosângela, sua próxima aula será com outros companheiros. Você tem jeito, logo estará nadando igual a um peixinho – Rafael incentivou-me.

Lourdes me esperava no refeitório, para jantar. Depois de nos alimentarmos, voltamos ao nosso cantinho e encontrei tia Ana Elisa me esperando. Sentamo-nos nas poltronas e contei, animada, a ela tudo o que me acontecera. Titia sorria, incentivando-me a falar.

– Rosângela, estou muito contente com você. É isso aí, menina, ânimo e otimismo! Agora devo ir. Meu turno de trabalho começa em trinta minutos.

Despedimo-nos com beijos e abraços.

Estava cansada, quis deitar-me. Antes de dormir, fiz uma prece de agradecimento.

"*Ah!*", pensei. "*Se soubesse que viver desencarnada era assim, não teria tido medo da morte. Se mamãe e papai soubessem que estou tão bem, iriam se consolar rapidinho.*"

No outro dia, todas acordaram alegres, e só um comentário se ouvia no quarto.

– *Hoje é o dia da apresentação na colônia!*

– *Temos de nos esforçar, porque receberemos assistentes ilustres e quase todos os moradores estarão lá para nos ouvir.*

– *Estamos eufóricas com essa apresentação tão importante. A governadora irá dar uma palestra aos adultos* – explicou Hortência para Lourdes e para mim.

– *Será que poderemos ir, Rosângela?* – perguntou Lourdes.

– *Eu quero ir! Gosto de festas!* – respondi.

Quando Isabel entrou em nosso quarto, Lourdes e eu corremos para indagá-la, e ela nos tranquilizou:

– *Vocês irão sim! Vou acompanhar os novatos. Preparem-se, garotas, pois assim que as meninas do coral saírem, virei buscá-las.*

– *Isabel, que roupa devemos vestir?* – perguntou Lourdes.

– *Qualquer uma, menos a do uniforme do coral, porque nessa comemoração irão como convidadas. Nas próximas, irão como cantoras.*

As meninas do coral trocaram de roupa e vestiram a veste de gala; conversavam, estavam alegres.

Lourdes e eu também nos arrumamos, entramos no clima da festa. Obedecendo a um sinal, as meninas foram para o setor oito, onde todos se reuniriam para, depois, seguir até o pátio das convenções da colônia.

Estávamos ansiosas esperando por Isabel. Quando ela veio nos buscar, descemos as escadas, eufóricas. Ela reuniu um grupo de oito novatos, entre eles o Samuel. Saímos do prédio pela frente e atravessamos a Praça da Fonte.

– *Vamos, garotos* – chamou Isabel –, *iremos andando até o local da apresentação.*

Estávamos todos curiosos e observando tudo. Passamos pelo portão, entre os setores um e oito, e caminhamos por uma avenida arborizada; logo chegamos ao pátio, que era enorme e ao ar livre. A manhã estava lindíssima. Sentamo-nos nas cadeiras da frente. Vimos Valda com alguns garotos e Fátima. Fomos cumprimentá-las e as abraçamos.

Minutos depois, a meninada do coral foi chegando e subindo ao palco.

– *Aqui se respeita o horário, não há atrasos* – Isabel explicou-nos.

A garotada estava linda com o uniforme de gala; encantei-me novamente com os pequeninos. Todos estavam alegres. A comemoração iniciou-se com uma linda prece e, em seguida, anunciaram o coral. Os cantores-mirins cantaram muito bem. Emocionei-me.

Quando terminaram, foram muito aplaudidos. Uma senhora morena, de cabelos grisalhos, muito simpática, subiu ao palco.

– *É a nossa governadora!* – esclareceu-nos Isabel, com admiração.

– *Agradeço aos meus jovens cantores. Foi mais uma belíssima apresentação* – disse, com voz agradável.

Eles foram descendo do palco, e Isabel falou:

– *Vamos sair também, meninas! Voltaremos para o educandário com a garotada do coral. Só os adultos convidados permanecerão aqui para ouvir a palestra.*

Saímos em silêncio. Na avenida, a caminho do Flores de Maria, começamos a conversar, a cantar e a rir.

– *Que melodia linda!* – ouvi Isabel exclamar.

Não tivemos aula, fomos todos para os parques, para as quadras, e o dia foi só de brincadeiras. Gostei demais da comemoração.

Tive de dividir bem o meu horário. Estava recebendo aulas de reforço com a professora Alice e, como queria acompanhar a turma, estudava bastante. As aulas de canto eram prazerosas. Logo Lourdes e eu passamos a fazer parte do coral. Havia no educandário três corais, e em muitas apresentações reuníamo-nos, tendo antes ensaios gerais. O primeiro coral era das crianças menores, chamadas de pequeninos, e o terceiro, dos jovens. Fiquei no intermediário. Aprendi a cantar e, assim como todos, gostei muito.

Facilmente também aprendi a nadar. Queria aprender outros esportes, mas, como não dispunha de horário, teria de praticá-los em períodos preestabelecidos.

Todos da minha classe tinham aula de informática. Já dispúnhamos de aparelhos que só anos mais tarde foram conhecidos na Terra. A turma auxiliou-me e aprendi rápido. Tínhamos, nessas aulas, tarefas a fazer. Após, poderíamos brincar com jogos interessantes.

Nas aulas de moral evangélica, a professora Ester falava do *Evangelho* de um modo especial, com amor. Nunca havia imaginado a importância de Jesus ter estado conosco, encarnado na Terra.

Nessa época ainda me alimentava e gostava de fazê-lo. Lourdes, que comia bem menos, comentou:

– Acho, Rosângela, que por causa de sua doença você foi privada de comer o que gostava e escutou tanto que deveria alimentar-se que isso ficou na sua mente.

Achei que Lourdes tinha razão. No dia seguinte, na aula de evangelização, pedi para falar. A professora Ester permitiu, e eu me queixei:

– Estou comendo muito! Tenho vergonha de repetir, mas sinto fome. Acho que é porque...

Contei minha vida quando encarnada, da minha doença. Falei de mamãe insistindo para que me alimentasse, dos meus enjoos e vômitos. Terminei falando que achava os alimentos da cantina, do refeitório, deliciosos, e que comia com prazer. Quando terminei, a professora Ester explicou:

– Rosângela, você está em fase de adaptação, ainda está aprendendo a viver no plano espiritual. Quando completar um ano aqui, terá aulas de como se nutrir. Não deve se preocupar por gostar de se alimentar, só deve prestar atenção para não ser gulosa. Não é bom ter gula. Você, minha querida, e sua amiga Lourdes estão certas. Quando encarnada, você queria atender sua mãe, que, preocupada, pedia que se alimentasse; não conseguia atendê-la porque sua doença a impedia. Isso ficou na sua mente. Cada um de nós traz da Terra algo que julgamos difícil de ser superado, mas superar quando queremos torna-se mais fácil. Minha aluna, se aqui há ainda alimentação é porque não é errado. Nada nos é tirado de uma vez. Alimente-se quando estiver com vontade. O mais importante é se sentir bem.

Opiniões foram dadas. Todos ali se alimentaram e no início comeram bastante, e alguns ainda o faziam.

– *Rosângela* – falou Oscar –, *estou aqui há quatro anos. Quando encarnado, gostava de comer. Nos primeiros meses aqui, me alimentava bem. Um dia, acordei com muita vontade de comer um bolo que mamãe fazia. Não conseguia esquecer o bolo. Pedi no refeitório e a senhora que me atendeu não sabia como fazê-lo. Ela pediu que eu pensasse nele e o plasmou. Comi muito bolo!*

– *Isso acontece. Quem tem conhecimentos pode plasmar o que deseja. No seu caso, Oscar, uma trabalhadora plasmou o que você imaginou para agradá-lo* – esclareceu Ester.

– *Deixei de me alimentar sem o perceber* – continuou Oscar. – *Uma vez, só lembrei à noite que não havia comido nada durante o dia e que não estava com fome. Será assim com você, Rosângela.*

Compreendendo, passei a me alimentar com naturalidade, sem me preocupar com o fato.

11

Num sábado à tarde, não havia programado nada, pensei que o dia seria livre, mas Hortência nos disse:

– *Como toda tarde de sábado vamos ao berçário, acho que Isabel vai convidá-las a ir conosco.*

– *Berçário?!* – Lourdes e eu indagamos, ao mesmo tempo, admiradas.

– *No setor quatro, de recuperação, há uma ala para os nenês. O tratamento lá é de amor. Os recém-chegados da crosta, que desencarnaram na fase infantil, os nenês, são levados para aquele setor. Lá, eles são abrigados por um período. Nós, os jovens, temos a tarefa de cuidar deles, ou melhor, brincar com a turminha dos pequerruchos. Somos divididos em grupos, e hoje é nossa vez.*

– *É, criancinhas também morrem, ou seja, desencarnam!* – afirmou Lourdes. – *Minha prima perdeu o filhinho de um ano. Perdeu? Estranho falar "perdeu". Este certamente não é o termo certo!*

Isabel entrou no quarto, estava sempre por ali, porque Lourdes e eu éramos novatas, e foi ela quem respondeu:

– *Não, Lourdes, "perdeu" não é o termo certo. Perde-se somente o que pode ser achado, perde-se o que se tem.*

– *Puxa, que confusão!* – falou Lourdes.

Rimos. Lourdes riu também. Quando encarnada, eu escutara muitas vezes o termo "perdeu", ao se falar de um ente querido que desencarnara. Prestamos atenção às explicações de Isabel.

– *De fato, só se perde o que se tem. E o que temos nós, de fato? Conhecimento, atos ou ações. O corpo carnal? Claro que não, ele nos é emprestado, tanto que o devolvemos à natureza quando o temos morto. Perdem-se afetos? Sentimentos? Claro que não! Vocês não continuam a amar?*

– *Continuamos* – respondemos juntas.

– *Vocês perderam os sentimentos?* – indagou nossa orientadora, novamente.

– *Não!* – exclamamos, novamente ao mesmo tempo.

– *E o que é mais importante: os sentimentos ou o corpo físico?*

– *Os sentimentos, que sobrevivem ao corpo carnal* – respondi.

– *Respondeu certo* – continuou Isabel esclarecendo. – *Então, todos nós aqui concordamos: se o amor continua, se a vida não acaba, não se perde nada. Continuamos a ser filha, mãe, avó, a ser nós mesmos vivendo de modo diferente. Compreenderam? Bem, então vamos ao trabalho.*

– *Trabalho?!* – perguntamos, Lourdes e eu, admiradas novamente.

– *Trabalho, sim. Tudo o que se faz, que gera produção, ação, é considerado trabalho! Vocês vão usar o tempo de vocês para fazer algo de útil* – esclareceu-nos.

– *Mesmo que a ação seja feita com prazer é considerada trabalho. Gosto tanto de ir cuidar dos nenês, amo fazer isso!* – disse Carolina.

– *Que bom que você gosta, Carolina* – comentou Isabel. – *Todo trabalho deve ser feito com amor, porque, quando amamos, o que fazemos é de fato prazeroso.*

– *Então, quando brinco com os nenês estou trabalhando? Trabalho e nem sabia!* – falou Melina.

Rimos.

Isabel pediu para Hortência que nos apresentasse à encarregada da ala para a qual nos dirigíamos. E lá fomos nós.

Fomos andando pelo corredor e conversando. Eu preferi observar. Havia muitos corredores que passavam pelo círculo. Admirava muito aquele imenso corredor que circundava os prédios.

Logo chegamos, e Hortência explicou-nos:

– *Aqui é o setor quatro. Vamos direto para a sala onde estamos sendo esperadas.*

Entramos por um dos corredores que dava acesso ao prédio da recuperação. Escutei vários risos e conversas infantis. Vimos passar por nós um grupo de meninos maiores com uma turminha de garotos pequenos. Hortência explicou a Lourdes e a mim:

– *São jovens de nosso setor que vêm ensinar diversos esportes e brincar com os meninos.*

Entramos numa sala, e uma senhora veio nos receber.

– *Boa tarde, meninas! Que bom! Vejo duas novatas!*

Hortência apresentou-nos, e a senhora disse sorrindo:

– *Sou Catarina, mas para a meninada e para vocês, vovó Cata.*

Esta senhora tinha a expressão de uma avó. Apresentava-se com um sorriso doce, dentes muito brancos, e de cabelos grisalhos. Todas nós corremos para abraçá-la. Era muito gostoso o seu abraço. Senti como se uma das minhas avós me abraçasse. Cada uma das meninas foi a um dos berços e pegou um nenê acordado.

– *Vocês, minhas jovenzinhas* – disse vovó Cata, referindo-se a Lourdes e a mim –, *podem escolher um bebê e ficar com ele no colo. Nenês gostam de carinho.*

Corri até um berço. Na ficha estava escrito: Jefferson – um ano e seis meses. Ele me deu os braços, querendo colo. Peguei-o, abraçando-o. Era lindo, com covinhas no rosto.

– *Jefferson, meu querido! Sou Rosângela!*

Que prazer! Brinquei com ele, imitando as garotas mais experientes. Beijei-o. Ele gostou. Depois de um tempo, ele se cansou e quis dormir. Ninei-o junto a mim, cantei baixinho as cantigas de ninar que sabia e as que estava aprendendo nas aulas de canto. Jefferson logo adormeceu.

Coloquei-o no berço e vi que um outro nenê acordara; este era mais novinho. Li a ficha: Cleide, seis meses. Peguei-a, brinquei com ela, que sorria. Passou a mãozinha em meu rosto, como a me acariciar. Vovó Cata, por duas vezes, veio até mim orientar-me como deveria segurar o nenê. Também a fiz dormir.

– *Pronto, garotas, as quatro horas passaram. Acabou o turno de vocês!* – falou vovó Cata.

– *Quatro horas!* – exclamei espantada. – *Como o tempo passou rápido. Quantas vezes por semana podemos vir aqui?*

– *Uma vez. Mas, Rosângela, poderá voltar outras vezes. Seu horário livre deverá coincidir com a necessidade deles* – informou Hortência.

– *Aqui estão seus bônus-hora!*[3]

Vovó Cata falou e foi dando um cupom pequeno a cada uma das meninas. Vendo que Lourdes e eu não estávamos entendendo, explicou:

– *Este cupom é o reconhecimento de que vocês trabalharam, foram úteis ao local onde recebem tanto. Chama-se bônus-hora.*

– *E nós podemos gastá-los em eventos, para nosso lazer ou guardá-los* – falou Melina entusiasmada. – *Tenho muitos guardados. Hoje à noite teremos um jogo importante, os garotos vão jogar vôlei. Utilizamos o bônus-hora trocando-os por ingressos para assistir a alguns jogos, usar aparelhos computadorizados no horário que não nos é destinado aos estudos e ir ao teatro, na colônia.*

– *É como dinheiro? Pode-se comprar alimentos?* – perguntei.

– *Alimentos, não, querida* – respondeu vovó Cata. – *Quando quiser se alimentar, é só ir aos refeitórios. A meninada usa o bônus-hora para o lazer. Dinheiro? Dinheiro é bom, neutro, a pessoa que o usa é que determina sua finalidade. Muitos aqui*

3. Bônus-hora: moeda simbólica. *Vide* XAVIER, Francisco Cândido. Espírito André Luiz. *Nosso Lar*, Rio de Janeiro: FEB. Capítulo 13. (N.E.)

aprendem a trabalhar para ter algo em troca. Com o tempo aprenderão a servir pelo simples prazer de serem úteis.

– *A senhora trabalha vinte e quatro horas por dia e recebe bônus-hora?* – quis saber Carina.

– *Todas as horas trabalhadas são computadas* – respondeu vovó Catarina. – *Não os recebo, mas os tenho. Não preciso tê-los em mãos. Quando quero ir ao teatro, pego-os. É assim que funciona para nós que estamos há mais tempo aqui. Vocês, jovens, recebem-nos para aprenderem a lidar com a troca e para não ficarem ociosos, pois a preguiça é um vício que faz parar quem se deixa dominar por ela. Assim, os aprendizes do trabalho têm recompensas e podem desfrutar de algum lazer extra.*

– *Bem bolado! Gostei! Os garotos que vimos com os meninos pequenos e que foram para os pátios também estão trabalhando?* – perguntou Lourdes.

– *Sim, eles ensinam jogos aos meninos pequenos, cuidam deles, brincam e ganham bônus-hora* – respondeu a orientadora.

– *E os pequeninos, que não podem trabalhar, não vão ao teatro?* – indaguei.

– *Aqui, todos podem servir* – esclareceu vovó Cata. – *Uma garota de quatro anos pode varrer um pedaço de pátio, pode fazer pequenos favores aos orientadores, como pegar um objeto, levar um recado e, assim, ganhar seu bônus-hora. Não são privados de ir se não os tiverem; porém, são todos educados e incentivados a servir, e eles gostam.*

– *É o meu primeiro!* – exclamei beijando o bônus-hora recebido.

Senti uma alegria indefinida. Lembrei-me do papai e do que dizia sempre: o trabalho enobrece o ser humano!

Despedimo-nos da vovó Catarina com beijos. No corredor, encontramos um grupo de garotos e fomos juntos para o setor sete. Eles conversavam contentes, comentando as horas trabalhadas. Eu fiquei quieta segurando meu bônus-hora junto ao peito e pensando: "*Este não vou gastar! É o primeiro que ganhei! Vou guardá-lo para nunca esquecer da alegria e da gratidão de poder servir!*"

As garotas foram para o jogo, e eu fiquei estudando, queria ser boa aluna. Quando elas chegaram, conversaram animadas sobre os lances da partida de vôlei. Lourdes me disse:

– *Rosângela, aqui, todos se comportam no jogo, não escutei xingamentos e ninguém discutiu. O juiz é imparcial e todos o obedecem.*

Preparávamo-nos para dormir, quando vimos Hortência se arrumando para sair. Sentindo-se observada, não esperou as indagações e nos esclareceu:

– *Vou retornar ao berçário. Alguns nenês querem colo à noite. Henrique estava muito chorão, porque sua mãe está inconsolável. Como durmo pouco, vou lá trabalhar algumas horas.*

– *O que você faz com tantos bônus-hora?* – perguntou Lourdes.

– *Estou juntando para trocar por uma casinha na colônia, para, no futuro, quando meus pais vierem para cá, recebê-los* – respondeu Hortência.

– *Isto é possível?* – indaguei.

– *Sim, é* – respondeu Hortência esclarecendo. – *Com o tempo, vou ficar adulta e deixar de ser aprendiz para ser uma trabalhadora e moradora deste local maravilhoso. Poderei residir na colônia e, se for permitido, ter uma casa e esperar meus pais. Não é maravilhoso?*

– Ter uma casa, como na Terra, e morar com os pais? – indaguei achando fabuloso.

– Sim, mas isso só quando for o tempo certo, ou seja, quando desencarnarem – respondeu Hortência.

– De fato, é maravilhoso! – exclamei.

Deitei-me e, após orar, fiquei planejando e organizando meu horário. Voltaria mais vezes ao berçário, não pelo bônus-hora, mas pelo prazer de estar com os nenês. Planejei também ir com as meninas ao teatro, assistir a alguns jogos e às competições de natação. Imaginando as coisas que gostaria de fazer ali, adormeci feliz.

12

Eu estava indo muito bem na escola. Com esforço e dedicação, consegui acompanhar a turma e, quando recebi um elogio do professor Heitor, fiquei felicíssima.

– *Rosângela, você tem dom para escrever, sua redação está muito boa. Continue assim e será uma escritora!*

Tia Ana Elisa continuava me visitando, incentivava-me e vibrava com tudo o que eu fazia de bom. Gostava bastante dela e lhe era muitíssimo agradecida.

Fazer parte do coral era bem prazeroso; gostava muito de cantar. Também aprendi a nadar e decidi parar assim que dominei todos os estilos.

– *Só dormindo menos terei mais tempo!* – comentei com Lourdes.

Dessa forma, diminuí um pouquinho minhas horas de sono, conseguindo o tempo necessário para poder trabalhar como voluntária no berçário. Gostava de ir lá e também da vovó Catarina, de quem recebia beijos e abraços, que me faziam lembrar das minhas avós.

Gostava demais do Jefferson e da Andréa. Eles, quando me viam, batiam palminhas, alegres. Brincava com eles no chão. Às vezes, sentada na poltrona, pegava os dois, um em cada braço. Eu me distraía e ainda ganhava bônus-hora.

Limpávamos nosso quarto, cada uma o seu cantinho, e, juntas, ele todo. Miriam não gostava muito de fazê-lo, e, às vezes, uma de nós a ajudava.

Um dia, durante a limpeza, Lenice e Miriam começaram a conversar.

– *Miriam, você não pode ser desleixada assim! Você é menina, tem de ser mais caprichosa* – falou Lenice.

– *Não sou desleixada!* – defendeu-se Miriam.

– *Carina disse que está cansada de ajudá-la. Falou que sua escrivaninha é muito bagunçada.*

– *Carina não deveria dizer isso. O armário dela é que é desarrumado. Pensei que ela era minha amiga.*

– *Sou sua amiga!* – falou Carina, intrometendo-se na conversa. – *Não falei nada contra você, só comentei que havia coisas espalhadas em sua escrivaninha. Meu armário está arrumado, pois o organizei ontem. Depois, ele fica fechado, não é como sua escrivaninha, que está à mostra.*

Lourdes e eu paramos e ficamos olhando, temi que se iniciasse uma discussão, mas Isabel entrou no quarto.

– *Meninas, cuidado com o mau uso das palavras! Vamos parar de falar e trabalhar. Quero que cada uma faça seu serviço, e aqui ninguém precisa ser ajudada. Miriam, organize o seu cantinho. Se tudo estiver em ordem fica mais fácil.*

"*Ainda bem que Isabel veio e pôs fim nessa conversa, pois já se iniciava uma discussão*", pensei.

Isabel sorriu para mim. Tempos depois, eu soube que os orientadores leem pensamentos. Nossa orientadora falou em tom delicado, porém firme.

– *Podemos, pelo uso da palavra, instruir, consolar, apaziguar; entretanto, se não nos vigiarmos, podemos também ferir e começar uma briga, que pode gerar rancores. Vocês, minhas queridas, têm de respeitar o local em que se encontram e aprender a não dizer nada que magoe às outras. Lembrem-se de que aqui é um lindo local de paz, que tem disciplina e ordem. Vamos aprender a viver sem fofocas que tanto mal fazem.*

Todas se calaram. Retornei ao meu trabalho, pensando que Isabel tinha toda a razão. Muitas vezes iniciamos uma briga por causa de fofocas. Deveríamos dar mais valor à palavra e usá-la só para o bem.

Numa tarde, durante nosso horário de trabalho no berçário, um menininho de dois anos deu um tapinha no rosto de Lorena, e ela revidou, dando-lhe outro em sua mão. O garotinho chorou alto e sentido. Vovó Catarina pegou o menino e conversou com ele, explicando-lhe que não deveria ter batido em Lorena. Logo ele parou de chorar, e vovó o entregou a outra garota. Lorena ficou encostada na parede. Vovó Catarina lhe falou delicadamente, porém séria:

– *Lorena, quando isso acontecer é só explicar que não pode, que bater é errado, ou me chamar para que eu o ensine. Não é revidando que se educa.*

Lorena não respondeu, ficou quieta, só olhando para nós, e recebeu a metade do bônus-hora. Quando acabou nosso horário e voltamos ao alojamento, Lorena chorou alto e reclamou:

– *Que saudade da minha casa! Da minha mãe! No meu lar eu não era obrigada a fazer nada! Mamãe fazia todas as minhas vontades! Não precisava trabalhar para ter lazer!*

Isabel entrou no quarto. Eu já havia notado que ela aparecia sempre que necessitávamos. Tempos depois, compreendi que Isabel estava trabalhando ligada a nós. Ela sentia quando estávamos em dificuldades e vinha rapidamente nos auxiliar e orientar. Isabel escutou quieta o desabafo de Lorena; depois, aproximou-se, abraçou-a e falou com carinho.

– *Lorena, meu bem, às vezes choramos de saudade, mas não devemos lamentar as dificuldades. Aqui é um lar onde todos se esforçam para viver do melhor modo possível dentro de certas regras, visando ao bem-estar. Ninguém se torna perfeito só porque desencarnou, mas nos melhoramos quando nos esforçamos para tal. Você não é obrigada a fazer nada. Se não quer contribuir com as tarefas do lugar que a abriga, a escolha é sua. Mas não pode com essa atitude querer que nos tornemos injustos dando-lhe créditos iguais aos que colaboram. Estudar, trabalhar, tudo isso faz parte do nosso aprendizado de conviver uns com os outros. Agora, acalme-se e vá descansar.*

Lorena deitou-se. Isabel passou a mão sobre sua cabeça, e ela adormeceu. Depois virou-se para nós que a observávamos e nos informou:

– *Pronto, meninas, Lorena acalmou-se, e o sono lhe será benéfico.*

Continuamos olhando-a, e ela, percebendo que necessitávamos de maiores esclarecimentos, falou baixinho:

– Todos nós temos deficiências, necessitamos tolerar para sermos tolerados, agradar para receber agrados. Cada uma de nós veio do plano físico com uma história de vida, com sua experiência, e, para vivermos aqui, de modo diferente, entre outras pessoas, necessitamos nos esforçar para nos adaptar.

Ficamos quietas, e ela despediu-se de nós. Todos nós sentíamos falta dos nossos lares terrenos e das pessoas que amávamos. Mesmo sentindo muita saudade, eu tentava me animar, não pensando tanto e ocupando meu tempo. Fiquei deitada lembrando dos acontecimentos na Terra. Recordei com detalhes do dia a dia da minha casa: desde o primeiro momento do dia, cedinho, quando mamãe se levantava, até a hora de deitar. Meus olhos encheram-se de lágrimas. Então, senti mamãe orando por mim. Rogava ela à Maria, mãe de Jesus, para me proteger. Senti o seu amor, um sentimento puro, de carinho, sem egoísmo. Minha mãezinha queria que eu estivesse bem, e eu, como filha grata que era, tinha de me esforçar para isso. Orei e adormeci.

Lorena acordou bem. Resolveu que não ia mais ao berçário, que não tinha jeito para cuidar de criancinhas. Arrumou outra tarefa. Era muito estudiosa, foi dar aulas de reforço para meninos maiores e gostou muito.

Aprendi a jogar vôlei e basquete, mas não quis treinar nem me dedicar a esporte algum. Tentei aprender a tocar instrumentos musicais: flauta, violão, mas desisti, não tinha dom para a música.

Gostava mesmo de ir aos pátios com os garotos menores, pular corda, brincar nos brinquedos, divertia-me muito. Fiz muitas amizades e estava sempre conversando.

– *Rosângela* – disse Cecília –, *este é Régis. Ele joga futebol muito bem. É um esportista. Passa suas horas de lazer nas quadras.*

Observei o garoto, tinha talvez onze anos, era magro e risonho. Cecília continuou a falar:

– *Ele, encarnado, foi deficiente físico. Não andava, ficava só na cadeira de rodas. Agora, sadio, realiza seu sonho, pratica todos os esportes.*

"*Régis trouxe esses desejos com ele ao desencarnar*", pensei. "*Quando encarnado deve ter tido muita vontade de brincar, jogar bola e, quando no plano espiritual pôde fazê-lo, só queria jogar. Era como eu com o alimento.*"

– *Aqui, não vi ninguém com defeitos físicos nem de óculos* – comentei.

– *Não se diz defeitos, mas sim deficiência, enfermidade* – corrigiu-me Cecília. – *Aqui, todos nós somos sadios. Se alguma criança tem o reflexo da deficiência do corpo físico, fica em outra parte para superá-la.*

– *Ainda bem!* – exclamei.

Era muito agradável ver todos sadios e alegres.

Eu estava sempre cantando e fazendo exercícios com a voz. Quando participei de uma apresentação do coral, ao subir no palco, fiquei emocionada, minhas pernas tremiam. Foi gratificante receber os aplausos. Fomos nos apresentar no teatro da colônia para um grupo de adultos novatos.

O teatro era outro local que eu gostava de frequentar. A primeira peça a que fui assistir com as garotas do nosso cantinho era infantil. Encantei-me e passei a ir muitas outras vezes. Todas as peças passam mensagens de otimismo, incentivando-nos a praticar o bem e a ter esperanças.

O ano letivo terminou. Fui aprovada com boas notas e passamos por um intervalo em que pudemos desfrutar de mais lazer. Aproveitei a oportunidade para ficar mais tempo no berçário.

Todos os domingos, pela manhã, nos reuníamos nos pátios e orávamos juntos. As preces normalmente eram proferidas por um dos internos e por um orientador.

Tínhamos todos os dias, pela manhã e à tarde, nos pátios, a leitura de um texto do *Evangelho* e, após, uma prece. Participava quem queria. Eu gostava muito de orar em grupo, sentia-me bem e ia sempre que podia. Raramente faltava, e se isso acontecia era no período da tarde, em que eu tinha aulas ou outras tarefas.

Comecei a frequentar as bibliotecas. Havia três no educandário, uma em cada escola, e outra, grande e linda, no setor oito. Encantei-me com os livros, levava-os para o alojamento e lia-os antes de dormir.

Já me sentia adaptada ao novo modo de viver, mas ainda tinha muita saudade. Consolava-me com as palavras de Hortência, que nos dizia sempre:

"*Só quem ama sente saudade!*"

Sempre sentia meus pais, principalmente mamãe, me incentivando a estar bem e feliz. Era só pensar na minha irmã, Solange, que podia escutá-la e me entusiasmava. Ela dizia:

"Rosângela, aceite com alegria tudo o que está recebendo, seja grata e merecedora de tanto carinho. Vamos amá-la sempre".

Com os incentivos daqueles a quem amava, aumentava minha vontade de estar cada vez melhor.

O Natal foi uma alegria; enfeitaram com estrelas douradas, brancas e azuis algumas partes do corredor interno. Na Praça da Fonte, montaram uma bela árvore de Natal. O coral intensificou seus ensaios e apresentou-se quase todos os dias. Também recebemos visitas de outros corais. Cantar cantigas natalinas era muito agradável. Tivemos várias palestras sobre a importância dessa festa cristã, dos ensinos de Jesus e sobre os fatos ocorridos naquela época. Gostei muito. Para que não houvesse tristeza, a movimentação era intensa. A garotada conversava animada, tínhamos muito para fazer: ensaios e apresentações de peças teatrais, bandas de instrumentos musicais e canto solo.

Lorena estava muito quieta, triste e chorona. Preocupamo-nos com ela, procuramos agradá-la, ela, porém, não reagiu. Isabel a transferiu. Em seu lugar veio Clara, uma japonesinha agradável, muito bonita e alegre. Perguntei à nossa orientadora para onde Lorena tinha ido, e ela me esclareceu:

– *Para outro alojamento, onde terá um acompanhamento especializado. Não se preocupe, Lorena estará melhor por lá.*

Compreendi que Lorena sentia muita falta dos seus entes queridos e do lar terreno, e que, infelizmente, a família se desesperou, deixando-a triste. Com o tempo, a dor deles suavizaria e ela melhoraria, mas enquanto isso não acontecia, minha amiga receberia um tratamento especial para se equilibrar.

Eu era grata aos meus familiares por me ajudarem e desejava que eles estivessem bem e festejassem o Natal.

No dia 25, logo cedo, todos nós fomos ao pátio maior, no setor oito, e fizemos uma oração em conjunto; após, assistimos a shows de música e canto. Foi assim o dia todo. À noite, estava tão cansada que só fiz uma pequena prece e adormeci.

As atividades continuaram até o Ano-Novo. Dois dias depois, voltamos à rotina.

13

O ano letivo começou, e passei a estudar do outro lado, na ala dos jovens, tendo aulas de outras línguas, inclusive de esperanto. Gostei de aprender esperanto, pois todos nós desejávamos que os povos se unissem e falassem apenas um idioma. O esperanto daqui é um pouco modificado e mais fácil de assimilar. É um jeito bonito e suave de se expressar.

Tive outros professores e continuamos as aulas de evangelização.

Fiz inúmeras amizades, estava sempre conversando e cantando.

Alegrei-me muito quando me matriculei nos cursos de nutrição e volitação.[4]

4. Volitar: locomover-se no espaço pelo ato da vontade. (N.E.)

Nas aulas de nutrição, estudávamos a alimentação do corpo físico e os seus condicionamentos ao desencarnarmos. Para nos livrarmos desse reflexo, precisávamos aprender a viver com o corpo perispiritual, por isso, fazíamos exercícios. Nossa instrutora não indagava nada, só respondia às questões que os alunos faziam. Contávamos nossas experiências. Compreendendo o que aprendia, diminuí as refeições e passei a tomar suco ou a comer algo raramente; não sentia mais falta. Comecei também a dormir menos e me senti bem melhor. Mesmo depois de haver terminado o curso, reuníamo-nos uma vez por semana para falarmos dos nossos sucessos e fazíamos exercícios juntos. Foi só com o tempo que deixei completamente de me alimentar e de dormir.

Volitação é uma aula deliciosa, a garotada ama. Embora nas aulas, como em todas, houvesse ordem, divertíamo-nos e ríamos muito. Nas primeiras tentativas, em que dificilmente se acerta, eram tombos e risadas. Mas quando conseguíamos ficar por alguns minutos no ar era prazeroso.

Até os pequeninos aprendiam. Essas aulas aconteciam nos pátios. As primeiras, na área da escola; as outras, no setor oito.

Eu esperava com certa ansiedade, pois sempre quisera voar. Quando encarnada, tinha muita vontade de viajar de avião e nunca o fizera. Em nossa turma estava Alexandra, uma garotinha de três anos. Ela era loura, de olhos azuis, esperta e inteligente. Ao vê-la, lembrei-me das figuras de anjos que vira pintadas nas igrejas.

Depois de muitas aulas, aprendi a volitar. Alexandra aprendeu mais depressa do que eu. Indaguei o porquê e nosso instrutor explicou:

– *Ela confia mais, não está presa à ideia que os encarnados têm de que é impossível vencer a Lei da Gravidade e se locomover pelo ar.*

– *Como os pássaros!* – exclamei.

– *Não, querida, os pássaros movem as asas e nós não as temos. Usamos a mente, a força de vontade* – respondeu ele.

A colônia onde se encontra o Educandário Flores de Maria é muito grande; dela, eu conhecia só o Pátio das Convenções, os teatros e o caminho que vai até eles. Foi fantástico conhecê-la. Existem muitos prédios, jardins e avenidas arborizadas. Fizemos um passeio de aeróbus, uma excursão, com a instrutora, que nos esclareceu:

– *Aqui é o prédio da administração.*

Observamos tudo e fizemos muitas perguntas.

Foi depois de muitas excursões que pude dizer que conhecia a colônia. Tudo é muito organizado e administrado, visando ao bem comum. É realmente muito prazeroso morar em uma colônia espiritual.

Foi numa aula de evangelização que escutei que poderíamos ver, visitar e receber visitas de encarnados.

– *Os sentimentos nos unem* – explicou o professor. – *A morte do corpo físico não nos separa, tanto que os encarnados podem vir aqui, assim como podemos ir vê-los.*

Naquele momento, não prestei muita atenção, pois não me interessara pelo assunto. Foi só quando Dora, uma companheira do alojamento, falou toda contente que ia receber a visita da mãe encarnada, que fiquei curiosa para saber mais sobre o assunto. Ela se preparou e se arrumou toda, não queria chorar, queria se mostrar bem para que a mãe tivesse certeza de que ela era feliz.

Fiquei pensando como a mãe dela viria. De avião? Custaria caro? Se fosse, meus pais não viriam, pois não tinham dinheiro. Encarnada, nunca ouvira falar dessa viagem. Seria uma novidade? Algo inventado recentemente? Não conseguia dormir, tentei ler, mas não consegui me concentrar. Levantei-me e fui procurar Isabel para que ela me esclarecesse. Não a encontrei, ela fora acompanhar Dora ao encontro.

No lugar dela, estava Eliziel, um instrutor que eu já conhecia. Ao me ver, indagou gentilmente:

– *Por que está tão inquieta? O que quer saber?*

Não me fiz de rogada, falei do encontro de Dora e perguntei:

– *Como isso é possível?*

– *Rosângela, você sempre teve esse corpo que lhe serve para viver aqui no plano espiritual, só que ele estava revestido do corpo carnal. Os encarnados podem sair do corpo físico e ir a muitos lugares. Nessas ocasiões, afastam-se, em espírito, do corpo físico, que fica repousando, dormindo e, quando isso acontece, permanecem a ele ligados por um cordão. A morte do físico só se dá com o rompimento desse cordão fluídico. Quando eles vêm aqui, para uma visita, são conduzidos por orientadores.*

– *E eles se recordam desse encontro?* – perguntei.

– *Alguns, às vezes, como se fosse sonho, outros não. Mas esses encontros os fazem sentir-se mais conformados e com a certeza de que seus afetos estão bem* – respondeu Eliziel.

– *Eu, quando encarnada e doente, sonhava com minha tia, ela me trouxe aqui. Eliziel, o que faço para receber uma visita?*

– *Quando a administração da casa achar que você pode receber, eles promoverão os encontros. Mas você pode pedir se quiser. É só ir ao setor um, na sala de pedidos, e fazer o seu* – orientou ele.

Voltei para meu cantinho e pensei na tia Ana Elisa; pedi a ela que viesse me ver.

No outro dia, logo após a aula, titia veio me ver. Saímos para passear, sentamos num banco, no pátio do setor sete.

– O que aconteceu, Rosângela? Por que quis que viesse vê-la?

– A senhora ouviu o meu chamado? Que bom! Já estou sabendo fazer isso! Titia, ontem à noite, Dora teve um encontro com a mãe dela, que está encarnada. Quis esperá-la acordada, mas não consegui. Hoje, Dora estava tão alegre! Eliziel explicou-me a possibilidade desses encontros. Lembrei-me de que sonhei com a senhora e que esses sonhos foram encontros.

– Sim, minha sobrinha, eu ia visitá-la para conversar e prepará-la para a mudança de plano. Por duas vezes a trouxe aqui...

– Na Praça da Fonte! – interrompi. – *Agora me lembro de tudo. Se ia me ver, continua indo lá na Terra, para visitá-los?*

– Sim, continuo – respondeu minha tia.

– Como eles estão, titia? Achava que os encarnados não poderiam saber de nós nem nós deles. Amo-os muito, quero que todos estejam bem.

– Seu desejo é uma oração; você querendo isso, envia-lhes vibrações de carinho e ânimo. Vou lhe dar notícias: seu avô paterno, está doente, com uma doença incurável, que logo o trará de volta ao plano espiritual. Seus outros avós estão bem. Seu pai está trabalhando muito. Mudaram para uma casa mais

simples. Sua mãe tem costurado para fregueses. Quase todas as dívidas foram pagas. Seus irmãos estão com saúde, trabalham e estudam. Todos sentem sua falta.

– *Às vezes, escuto-os, não sei explicar, ouço-os como se eles falassem algo para mim, baixinho, é como se pensassem lá e eu ouvisse aqui* – falei.

– *Pois é isso que acontece, Rosângela* – esclareceu tia Ana Elisa. – *Quando eles pensam, em oração, você sente esse carinho, é a força do amor. É uma transmissão de pensamentos. Sim, você ouve todos eles.*

– *Isso acontece com todos os que desencarnam?* – quis saber, curiosa.

– *Não. Aqui no plano espiritual não existe uma regra geral. Muitos desencarnados não têm condições de receber esses pensamentos; outros não têm nem quem pense neles, e há ainda os que não se interessam pelos encarnados. E você também não recebe todos os pensamentos deles. Quando está se divertindo não os sente, quando está concentrada, estudando e...*

– *É mesmo, titia. Acho que é por isso que temos tantas atividades! Gosto muito dos incentivos de Solange, do que ela pensa.*

– *Solange tornou-se espírita, estudiosa da Doutrina, sabe que pode ajudá-la com seu carinho e a motiva. Ela é uma pessoa especial.*

– *Tia Ana Elisa, poderei vê-los? Ir com a senhora visitá-los?* – perguntei ansiosa.

– *Você poderá ir vê-los quando estiver preparada. Está ainda em fase de adaptação; quando estiver apta, poderá visitá-los. Mas podemos receber visitas, como sua amiga recebeu. Quando o corpo físico adormece, amigos ou trabalhadores espirituais os ajudam a vir aqui. Eles vêm em perispírito, ligados por um cordão prateado ao corpo carnal.*[5]

– *Titia, por favor, traga-os para que eu os veja!* – pedi.

– *Vamos pedir esse encontro, vou acompanhá-la ao setor um* – disse titia.

Seguimos pelo círculo para chegarmos mais rápido. Dirigimo-nos para a ala de pedidos. Logo uma moça nos atendeu e anotou o meu pedido. Saímos pela frente.

– *Titia, vamos sentar aqui um pouquinho. Gosto muito da Praça da Fonte.*

Sentamos. Olhei para minha tia e fiquei curiosa para saber o que aconteceu com ela, por que desencarnara tão jovem.

– *Tia Ana Elisa, conte-me sua vida. Queria saber o que ocorreu com a senhora.*

Titia sorriu e começou a narrar:

– *Nasci num lar cristão e fui amada pelos meus familiares. Adolescente, quis ser enfermeira e fui trabalhar em um hospital. Foi lá que conheci Mário, um moço bonito, de família rica, que estava tuberculoso. Ficamos amigos, e ele me contou sua vida. Disse-me que amou muito uma moça que não o quis ao saber que ele estava enfermo. Amei-o, e ele, sabendo do meu amor, pediu-me em namoro. Escondemos nossa relação de meus pais porque eles não o aceitariam, por ele ser doente. A família dele também não concordaria porque eu era pobre. Pensei, iludi-me achando que aquele moço me amava; entreguei-me de corpo e sentimento àquele amor. Mário melhorou, julgou-se curado. Não acreditou no médico, que lhe*

5. KARDEC, Allan. *O Livro dos Espíritos.* (São Paulo: Petit Editora), Capítulo. 7, Questão 344. (N.E.)

informara ser necessário continuar o tratamento, pois ele só havia tido uma melhora. Terminou o namoro comigo, voltou para sua ex-namorada, que o aceitou, julgando-o curado. Ele mentira para ela, dizendo que não estivera tuberculoso, que o médico se enganara.

Adoeci, contraí tuberculose. Triste, não reagi à doença, que naquele tempo era praticamente incurável, pois pouquíssimos voltavam a ser sadios. Meus pais cuidaram de mim em casa. Mário sofreu uma recaída, e a namorada o abandonou. Ele me procurou, pediu perdão, reconciliamo-nos, porém não o vi mais. Desencarnei, fui socorrida e vim para esta colônia maravilhosa. Assim que pude, aproveitei a oportunidade e fui estudar; agora, sou enfermeira. Mário desencarnou também, sofreu vagando e compreendeu que errara comigo. Pediu-me perdão novamente e eu o perdoei, porém ele não perdoara a ex-namorada. Sofreu muito e quando perdoou e rogou socorro, recebeu-o. Conversamos bastante e tornamo-nos amigos. Ele ficou alguns anos aqui na colônia, depois pediu para reencarnar e voltou ao plano físico. E eu estou muito feliz aqui!

Titia terminou sua narrativa com um suspiro, e eu a abracei.

– Admiro a senhora titia! E meus bisavós, seus pais, onde estão?

– Desencarnaram, pude recebê-los, e nosso reencontro foi uma festa. No momento estão reencarnados. Estão bem, visito-os sempre. Eles se esqueceram temporariamente de mim, mas o nosso amor continua, e isso é bom, vamos ampliando nossos afetos.

O encontro por mim solicitado aconteceu. Dias depois, fui avisada, três horas antes, de que receberia visitas. Isso para que não ficasse ansiosa por muito tempo. Nessas horas de espera, fiquei aflita, sentia minhas mãos frias e úmidas e o coração batendo rápido no peito. Tia Ana Elisa veio ao meu encontro.

– *Vou acompanhá-la, Rosângela. Tente ficar calma. Hoje você receberá a visita de seu pai e de Solange. Achamos melhor sua mãe vir depois.*

Compreendi. Mamãe era a que mais sentia minha falta, e, às vezes, por mais que se esforçasse para não se revoltar, pensava: "*Por que Rosângela sofreu tanto? Era uma menina boa e inocente! Por que teve de morrer tão novinha?*".

Solange sempre lhes explicava que a vida continuava; que reencarnamos muitas vezes e que por imprudência cometemos ações erradas e que um dia receberíamos as reações dos nossos atos; que eu era nova no corpo, mas não em espírito; que desencarnar não era castigo, fazia parte da vida... Minha mãe a escutava, tentava compreender, mas sofria muito com minha ausência.

Fomos, titia e eu, ao local do encontro. Há no educandário, no setor um, uma área para receber os encarnados. É um jardim florido, lugar muito bonito, com diversos bancos, que se chama Nosso Encontro, mas a garotada o apelidou de Mata-Saudade. Lá, vi muitos internos, a maioria ansiosa como eu, esperando as visitas, e outros já conversando alegres com os encarnados. Observei os visitantes e vi o cordão que unia todos eles ao corpo físico. Titia e eu sentamos num banco. Ia perguntar se demoraria, quando vi papai e Solange. Quis correr para abraçá-los, mas não consegui, senti as pernas bambas. Ficamos parados por instantes olhando um para o outro até que papai abriu os braços, e eu corri, aconchegando-me nele. Como foi gostoso receber seus beijos! Solange abraçou titia, depois ficou olhando para nós. Notei seu olhar vivaz, observando tudo com curiosidade. Abraçou-me alegre.

– *Rosângela, que bom revê-la bem, sadia! Que lugar lindo!*

– *Você precisa ver os outros locais, cada um mais lindo do que o outro. Como estão vocês?* – perguntei.

– *Nós sentimos saudade* – papai começou a falar, dando uma pausa, sorriu e continuou: – *é porque a amamos. Estamos conformados e nos esforçando para ficarmos bem. Encontrá-la feliz é o que nos importa!*

Percebi, perto de nós, um senhor que nos observava sorrindo. Ele havia trazido papai e Solange e, certamente, recomendara que aproveitassem o encontro, não dizendo nada de triste. De fato, era um momento importante, especial, que deveria ser de carinho. Conversamos por minutos. Papai exclamou:

– *Que pena que não irei recordar esses instantes tão valiosos quando acordar!*

– *Mas sentirá no íntimo a certeza de que Rosângela está bem e feliz!* – informou tia Ana Elisa.

Despedimo-nos com abraços e beijos. O senhor acompanhou os dois, pois levaria ambos de volta ao lar, e titia e eu voltamos ao alojamento. Estava feliz, mas deu uma grande vontade de ficar com eles. Compreendi o porquê de não estar apta a visitar meu lar terrestre.

A maioria das meninas me aguardava acordada. Emocionada, contei a elas sobre o prazeroso encontro.

Tia Ana Elisa, dias depois, me contou que papai acordou animado e que Solange recordou parte do nosso encontro, contou a todos que sonhou comigo, que eu estava entre árvores, sadia, corada e feliz.

Depois de vários meses, recebi a segunda visita, desta vez de uma das minhas avós e de mamãe. Abraçar minha mãe foi uma emoção indescritível, foi um gesto de amor. Como amo mamãe! Ficamos abraçadas por minutos, e, quando a olhei, lágrimas escorriam pelo seu rosto. Enxuguei-o com a mão e a beijei.

– *Mamãezinha! Como eu a amo! Obrigada por tudo!*

Mamãe me olhou e fez várias perguntas:

– *Rosângela, filhinha, você está bem? Eles cuidam bem de você? Tem se alimentado? O que faz? Às vezes, penso que você canta.*

– *Mamãe, observe-me bem. Estou ótima! Aqui não fiquei mais doente. Estou estudando e...*

– *Estudando? Mas quando se morre já não se sabe tudo?* – perguntou minha mãe, interrompendo-me.

– *Mãezinha, temos de merecer tudo o que recebemos. Conhecimentos são adquiridos, e não doados. Aqui, continuei na escola, na série em que havia parado. Gosto de estudar! E se a senhora me sente cantando, é porque faço parte de um coral e estou sempre a cantar.*

Rimos, conversamos e ficamos abraçadinhas. Vovó reuniu-se a nós e ficamos de mãos dadas. Minha avó orou em agradecimento. Terminado o horário de visita, mamãe e vovó se foram. Titia abraçou-me e chorei.

– *Como eu a amo!* – exclamei.

– *É muito bom amar, Rosângela. O amor nos sustenta em qualquer lugar em que estejamos. Você se sente separada de seus afetos? De sua mãe?*

Pensei por um momento e respondi o que sentia:

– *Não, titia, separada não, estou ausente por um período, acho que para quem ama não há distância!*

Parei de chorar e comecei a cantar.

– *Mamãe me sente cantando!* – exclamei feliz.

Titia depois me deu notícias de mamãe, que acordara chorando de alegria, sentindo-me em seus braços. Ela teve a certeza de que estaríamos para sempre unidas.

14

Encontrei-me com Valda no corredor, abraçamo-nos contentes.

– *E Fátima, como está?* – perguntei.

– *Ainda conosco* – respondeu Valda. – *Vim trazer mais duas garotas para o setor sete e ela novamente não quis vir. Estamos empenhados na sua adaptação.*

– *E se ela não se adaptar, o que lhe acontecerá?* – quis saber.

– *Todos se adaptam aqui, alguns mais depressa, outros mais devagar. Fátima encontrou mais dificuldades, pois seus familiares não colaboram, estão revoltados, desesperados, e isso a entristece. Mas, como tudo passa, a dor deles vai diminuir, e Fátima melhorará.*

Despedimo-nos com beijos. Eu era grata à Valda por ter cuidado de mim com tanto carinho.

Conversei com Lorena no pátio da escola, e ela falou:

– *Rosângela, sinto-me bem no alojamento em que estou agora; a orientadora tem seu cantinho no nosso quarto e cuida só de nós. Recebendo atenção especial, fiquei mais segura. Meu pai, que está encarnado, ficou doente, nada grave, mas mamãe, preocupada com ele, esqueceu um pouco de mim, e isso fez com que eu me sentisse menos sufocada; melhorei.*

Alegrei-me por ela.

Para minha surpresa, ao assistir a uma peça teatral no setor oito, vi Lenice atuando. Fomos, Lourdes e eu, cumprimentá-la no final.

– *Obrigada* – falou Lenice –, *meu papel é secundário, pois sou novata. Vamos apresentar esta peça em outros educandários e no teatro da colônia, para os adultos.*

Lenice representava muito bem, fez muitas peças, dedicava-se ao teatro e estava sempre alegre e feliz.

* * *

Um colega de classe, Eduardo, emprestou-me seu caderno de exercícios. À tarde, Lourdes foi comigo ao alojamento dele, para devolvê-lo.

– *Rosângela, o cantinho deles é mais bagunçado do que o nosso, o das meninas* – comentou Lourdes, baixinho.

O alojamento dos meninos é diferente. Embora tenha os mesmos móveis, são menos delicados, alguns com cores fortes, quadros de esportes e livros espalhados. Eduardo nos convidou para entrar.

– *Arrumamos nosso canto sempre, mas sabem como são os garotos, acabam desarrumando.*

Agradeci pelo empréstimo do caderno e fomos, curiosas, dar uma olhada no alojamento dos meninos. Eles são muito alegres e barulhentos, estão sempre dando risada, gostam muito de esportes, e seus orientadores, na maioria, são do sexo masculino.

Nos quartos dos meninos de oito a dez anos, havia brinquedos espalhados. E, em um deles, um garoto limpava uma bicicleta.

Lucas, o orientador, vendo-nos admiradas, aproximou-se e esclareceu:

– *Plasmamos brinquedos, objetos de que eles gostavam, para entretê-los.*

– *Bicicleta?!* – perguntei.

– *Por que não?* – disse o orientador. – *Temos um pátio para ciclistas. Este é Bruno. Dias antes de ele desencarnar, tinha ganhado uma bicicleta igualzinha a esta. Ele a queria tanto e agora a tem. Bruno vai dar um volta com ela, vocês não querem ir com ele?*

Fomos. No fundo do setor quatro, havia um pátio enorme onde se podia pedalar a bicicleta. Havia até pistas de corrida.

– *Como gostaria de saber andar de bicicleta!* – exclamei.

– *Aprenda! Você pode pegar uma emprestada ali e andar* – informou Bruno.

– *Eu ensino você!* – ofereceu-se Lourdes.

Achei que era fácil, que era só imitar quem andava. Trombei com Bruno, fazendo-o cair.

– *Ai!* – exclamei assustada. – *Desculpe-me! Machuquei você?*

Bruno levantou-se, sorriu e respondeu:

– Você não sabe que aqui não nos machucamos? Não precisa se afobar, está desculpada.

Um orientador se aproximou e Lourdes indagou, curiosa:

– É verdade que aqui não nos machucamos?

– Só sentiremos algo neste corpo, no perispírito, se pensarmos que iremos sentir, isto é, os reflexos do corpo físico. Aqui não nos machucamos.

– Os desencarnados se machucam em outros lugares? – perguntei.

– Os que não aceitam a mudança de plano, o estado de desencarnado, esses sentem fortemente os reflexos do corpo carnal, e, se acharem que vão se machucar ao cair, sentirão os ferimentos – esclareceu o orientador.

– Então eu posso andar sem medo, pois se cair não irei me machucar? Ajude-me Lourdes, vou tentar de novo – falei decidida.

Bruno e Lourdes me ajudaram e também deram boas risadas. Consegui! Passei a andar sempre de bicicleta, achava muito bom pedalar, sentir a brisa em meu rosto e passear entre as árvores.

* * *

Desde a primeira vez em que visitei as bibliotecas do educandário, tornei-me frequentadora assídua delas. Doralice, uma das bibliotecárias, sempre amável e prestativa, ajudava-me no começo a selecionar livros para ler. Eu me encantava com as estantes cheias de boas obras, livros ilustrados e de leitura fácil. As crianças a partir de três anos já excursionam pelas bibliotecas em horário marcado para elas. Havia lindíssimos livros infantis e obras interessantes para os jovens – livros que os encarnados têm na Terra e outros que são privilégio dos que vivem aqui, no plano espiritual. No início, lia os infantis, ria, entristecia-me e divertia-me. Sentia-me criança e adolescente ao mesmo tempo. Depois me interessei por obras para adolescentes. A biblioteca do setor oito é grande, espaçosa, tem poltronas confortáveis, mesas com cadeiras e é muito colorida. A novidade é que possui livros que falam, isto é, ao abri-los, uma voz narra a história. A criançada gosta muito deles.

Todos têm acesso às bibliotecas, e eu ia sempre, nos meus horários livres. Ficava lá, nas poltronas confortáveis, ou nas mesinhas, quando fazia pesquisas. Levava livros para o quarto, e as meninas às vezes brincavam comigo, chamando-me carinhosamente de Papa-Livros.

Ao lado da biblioteca do setor oito, há três salas de vídeo ou cinema que são também muito frequentadas. Ali passam filmes instrutivos a que nós, alunos, assistimos, para depois fazermos uma apreciação. Há também os de entretenimento com dias e horários apropriados. Os jovens que já realizam tarefas usam o bônus-hora para assistir a esses.

Crianças e jovens necessitam aprender a trabalhar e, para serem incentivados, ganham o bônus-hora, com o qual podem ter o que quiserem. Éramos orientados para servir com amor, porque é muito melhor servir do que ser servido. Quem é servido é sempre um necessitado.

Vovó Cata abraçou-me quando fui cuidar dos bebês. Ela me disse:

– *Rosângela, agora, você irá cuidar dos bebês maiores.*

Vendo minha expressão de decepção, porque eu amava muito os pequenos, ela completou:

– *Você poderá vir aqui quando quiser, será sempre bem-vinda. Cuidar dos maiorzinhos é tarefa de maior responsabilidade, pois estes carecem de receber boa educação.*

Ela levou-me ao setor seis, na ala onde estavam crianças de dois a três anos. Apresentou-me Raquel, que era a encarregada de orientá-los.

– *Bem-vinda, Rosângela. Espero que goste de nós como gosta da vovó Cata e de seus bebês. Venha, querida, vou lhe mostrar nosso espaço. Aqui é a sala onde as crianças recebem aprendizado.*

A sala era grande, com mesinhas e cadeiras coloridas; na frente, ficava uma lousa e a escrivaninha da orientadora. Havia estantes baixas com livros e cadernos. Passamos para outra sala, a de brincadeiras, onde doze pequerruchos estavam brincando com vários brinquedos.

– *Mamãe, olhe o que eu fiz!* – exclamou uma garotinha.

– *Que lindo! Parabéns, Larissa, você conseguiu montar direitinho.*

Raquel virou-se para mim e explicou:

– *Aqui, eles me chamam como querem: uns de tia, outros de Raquel e até de mãe. Venha conhecer as outras salas. Aqui é o dormitório. Todos os doze desta ala dormem aqui, quando sentem sono. Mas no setor sete eles têm seu alojamento.*

As caminhas eram lindas; tudo muito alegre, colorido e enfeitado com bichinhos. Na outra sala, era o refeitório, onde se alimentavam quando sentiam vontade. Havia também um parque com alguns brinquedos e um pequeno jardim, onde aprendiam a cuidar das plantinhas e a respeitar a natureza. As crianças saíam muito, iam às bibliotecas, ao cinema e aos outros parques; faziam parte do coral-mirim e aprendiam diversas modalidades de esportes.

– *Eles não sentem falta do lar terreno, dos pais?* – indaguei curiosa.

– *Crianças se adaptam facilmente. Aqui eles estão provisoriamente, assim como é na Terra o período infantil. Logo que chegam, sentem falta dos entes queridos, alguns mais, outros menos. Se recebem auxílio dos afetos encarnados, logo estão bem, mas se os pais, avós, choram muito, lamentando-se com a perda deles, nossas criancinhas aqui se ressentem. Mas tudo é feito para que elas tenham uma estadia de amor entre nós. Agora vá, brinque com eles para conhecê-los.*

Taís e Júlio me puxaram pela mão e entrei na brincadeira, rolando pelo chão. Meu período passou rápido, gostei da minha nova tarefa. Conheci todos e, melhor, fiquei conhecida deles.

Foi um estágio agradável, ensinava-os a colorir, lia histórias e brincava com eles.

Meus estudos também progrediam, amava aprender; gostava não só de conhecimentos gerais como também do estudo do *Evangelho* e da moral cristã.

Foi na aula de evangelização que Ricardo fez uma pergunta ao nosso professor:

– *Professor Luís, o que acontece quando várias crianças desencarnam ao mesmo tempo, num acidente, por exemplo?*

Atentos, prestamos atenção ao esclarecimento do nosso professor:

– *Há, na Terra, trabalhadores do bem, treinados para esta tarefa, que é ajudar em desencarnes coletivos. Quando isso ocorre com crianças, os cuidados dos socorristas espirituais são dobrados. Todas as que desencarnam são socorridas de imediato e levadas ao posto de socorro espiritual mais próximo. Nesse posto, recebem os primeiros socorros espirituais. Depois, são trazidas para a colônia e encaminhadas aos educandários.*

– E se for num acidente de avião, com crianças de diversas localidades ou países? – indagou Luíza.

– Primeiramente, são levadas à colônia mais próxima; depois, conduzidas às de origem ou onde tenham parentes e amigos desencarnados – respondeu o professor Luís.

– Isso acontece também com adultos? – perguntei.

– Adultos devem ter merecimento – respondeu o professor. – *Normalmente, sem ser regra geral, os socorristas lhes prestam os primeiros socorros, levando-os para postos de socorro espiritual. É respeitado o livre-arbítrio deles; os pedidos de ajuda são analisados e, se possível, são encaminhados a uma colônia ou permanecem no posto.*

Gostamos da explicação, nessas aulas se aprende muito.

Organizei bem meu horário, tinha muitas atividades, e o tempo passava rápido; estava totalmente adaptada, ali era meu lar. Não posso esquecer que para me sentir assim, recebi ajuda dos meus familiares. Mamãe sempre preferiu sofrer em meu lugar, queria tanto que eu estivesse bem e feliz, que me sentia como minha mãezinha queria. Nós recebemos muito auxílio de Solange, que se tornou espírita. Essa Doutrina consoladora ajudou-os a compreender que a vida continua, que não acabamos, que afetos não se perdem e que os sentimentos permanecem. Sofreram com o meu desencarne, tentaram superar a dor e conseguiram.

Recebi muitas visitas de avós, tios, irmãos e de meus pais. Às vezes, sentia vontade de estar com eles, mas logo passava, pois não queria ficar triste entre tantos amigos.

Titia me avisou que no domingo à tarde não marcasse nada, pois ela me pegaria para um passeio. Quando veio me buscar, indaguei:

– *Aonde vamos?*

– *À sua casa, no plano físico!*

Quase engasguei.

Tia Ana Elisa puxou-me pela mão. Saímos do educandário e volitamos pelas avenidas da colônia até um portão.

– *Este é um dos portões que usamos para sair da nossa cidade espiritual. Venha, entremos nesse veículo, o aeróbus.*

O veículo era grande, muitas pessoas acomodaram-se dentro dele, era um misto de avião sem asas e ônibus enorme. Olhava tudo, curiosa, e titia explicou:

– *Usamos este meio de transporte quando não queremos ou não é possível volitar. O aeróbus irá para a cidade dos encarnados; lá, desceremos num centro espírita. Vamos à sua casa e voltaremos no horário marcado. Muitos aqui visitarão seus lares terrenos.*

Sentamo-nos em poltronas confortáveis, segurei firme a mão de titia. Não se escutava nenhum barulho, ele deslizava suavemente. Minutos depois, descemos no centro espírita.

– *Agora vamos volitando até sua casa.*

Novamente segurei a mão de titia. Volitamos acima dos prédios, vi ruas, carros e as pessoas lá embaixo. Chegamos em casa. Estavam todos reunidos, agora eles moravam num local mais simples, porém repleto de amor e fluidos de carinho. Nem me importei por eles não me verem, abracei-os, beijei-os e afaguei Bob. Fiquei tão alegre! Foi maravilhoso!

De volta, no aeróbus, exclamava sem parar:

– *Que passeio! Fabuloso! Encantador!*

E foram muitas as vezes que os visitei.

* * *

Quando os três corais se uniam, era uma festa, e a garotada cantava alegremente. Crianças e jovens gostam muito de música.

Ao se reunir, alguns participantes dos três corais eram chamados de Alegres Cantores; eles costumavam sair bastante e excursionar. Interessada em acompanhá-los, pedi para fazer parte da equipe e obtive permissão. Gostei de conhecer outros lugares. Quando realmente se está adaptado ao plano espiritual é permitido sair nessas excursões, acompanhado dos maestros e também dos socorristas.

A primeira vez em que os acompanhei foi numa inauguração de um centro espírita; estava tão curiosa que nem cantei direito, pois observava tudo. Fiquei analisando as construções materiais e as espirituais. Acho que se os encarnados pudessem fazer construções com fumaça suave, ainda assim não daria para comparar. Para nós, que vivemos nas colônias, tudo é real, temos camas onde deitamos, paredes as quais apalpamos e tetos que nos abrigam. As casas do plano físico agora me parecem grosseiras e fortes. Os encarnados parecem estar dentro de uma armadura, não de ferro, mas de carne.

A inauguração foi muito bonita. Percebi que enquanto cantávamos, algumas pessoas do plano físico nos sentiram. Dois ou três tiveram maior percepção e, por intermédio da vidência, nos viram; outros ouviram alguns trechos. Mas os desencarnados presentes viram, ouviram e nos aplaudiram. Não ficamos no mesmo espaço que os encarnados, mas acima, num palco improvisado. O teto material desapareceu para nós. Havia muitos convidados do nosso plano, trabalhadores de outros centros espíritas, dos postos de socorro da região, e também muitos necessitados. Compreendi que a música, as crianças e os jovens cantando canções de incentivo e esperança davam um acalento àqueles desencarnados que ali estavam em busca de auxílio. Muitos choravam ao nos ver. Escutei alguns comentários:

– *Lembro-me da minha filhinha!*

– *Que coro mais lindo!*

– *Que canto celeste!*

– *São anjos!*

Essa apresentação foi um sucesso.

Excursionávamos muito, íamos a igrejas e a templos onde pessoas se reuniam para orar com fé. As minhas excursões preferidas eram aos hospitais da Terra, principalmente às enfermarias infantis. Quando as visitas eram noturnas, tendo os jovens e as crianças os corpos físicos adormecidos, viam-nos e escutavam-nos. Esses encontros eram sempre proveitosos, pois nosso canto cheio de bons fluidos transmitia energias benéficas aos doentes.

Íamos também cantar nos hospitais da colônia, e o resultado era sempre muito bom. Abrigados se alegravam, e a alegria era uma excelente terapia.

O coral também visitava os centros de umbanda. Durante nossa apresentação se fazia o socorro de muitos desencarnados necessitados que ficavam emocionados ao nos ver e ouvir. Nesses locais de auxílio, eles dão bastante atenção às crianças desencarnadas, e a meninada gosta. Na umbanda, os corais espirituais são recebidos com festa e muito carinho.

Nós, Alegres Cantores, dividíamo-nos em muitos corais, para que nossas atividades diárias não fossem atrapalhadas.

Eu sentia um enorme prazer em fazer parte do coral. Aprendi a cantar direitinho, gostava e estava sempre trauteando, tanto que um dia, ao visitar meus pais, escutei mamãe cantarolando uma antiga cantiga que cantávamos no coral. Ela comentou com meu irmão:

– Acho que a Rosângela continua amando a música; não sei por que, mas parece que a escuto cantando às vezes. É tão agradável essa sensação!

Uma excursão ficou na minha memória. Uma vez fomos nos apresentar num posto de socorro localizado no umbral. Éramos vinte e cinco jovens, fomos de aeróbus e ficamos no pátio central do posto, cantamos por duas horas. Muitos dos abrigados vieram nos ver, foi muito emocionante. A maioria chorava ao nos escutar. Quem não conseguiu ir à praça, ouviu-nos nas enfermarias. A nossa vibração, pela música, fez um bem enorme àqueles sofridos desencarnados. No final, cantamos uma canção conhecida, e eles cantarolaram juntos.

Ao cantar, sentia que queria ajudar, as energias saíam de mim, juntando-se às dos meus companheiros, espalhando-se entre eles. Ao terminar, fomos muito aplaudidos. Vários assistidos confundiram-nos com anjos, e, por duas vezes, o orientador do posto explicou:

– *Ao vivermos na Terra, dizemos que estamos encarnados; quando o corpo físico morre, continuamos vivos; desencarnamos em diversas idades. Muitas crianças e jovens vivem no plano espiritual, em colônias e em educandários, locais que lhes são apropriados, e onde continuam aprendendo. Eles prazerosamente aprendem a cantar e ensaiam para nos brindar com essas agradáveis apresentações.*

Mesmo com essas explicações, muitos se aproximavam de nós e faziam pedidos:

– *Anjinho, peça a Deus, quando O vir, para me auxiliar!*

– *Leve-me de volta ao meu lar, anjo rosa!*

O orientador nos agradeceu:

– *Meus jovens, vocês nos ajudaram bastante, a alegria espalhou-se pelo nosso posto. Voltem mais vezes, serão sempre bem-vindos!*

Nós, do coral, estamos sempre fazendo essas excursões, pelas quais recebemos bônus-hora. Muitas vezes apiedei-me desses necessitados de auxílio, mas esforcei-me para não me entristecer, pois a orientação que recebíamos era que cantássemos com alegria. Assim, soltávamos a voz...

15

Encontrei Bruno, Rodrigo e Marcelo andando de bicicleta. Lá fomos nós correr pelas pistas.

– *Vamos descansar um pouco aqui?* – convidou Bruno.

Sentamos à sombra de uma árvore e começamos a conversar.

– *Eu* – falou Bruno – *gosto daqui, não senti muita diferença, só estranhei um pouquinho no começo. Estou bem, tenho tudo o que quero e gosto muito de estudar. A vida continua mesmo! Até faço planos: quando crescer quero ser condutor de aeróbus.*

– *Será que a vida de menina é diferente da nossa, de menino?* – perguntou Rodrigo.

– *Pelo que observei não é* – respondeu Marcelo. – *Fazemos as mesmas coisas, todos são considerados iguais, com os mesmos direitos e deveres.*

– *Você não acha que se exige mais ordem das meninas?* – indagou Rodrigo novamente.

– *Não acho* – respondeu Bruno. – *Talvez os garotos façam mais bagunça, mas temos que nos educar. Talvez nós, os homens, pratiquemos mais esportes.*

– *Nada disso* – opinei. – *Já verifiquei o número dos meninos que praticam esportes e é igual ao das meninas. Aqui todos gostam de atividades.*

– *Ao contrário de você, Bruno, eu senti bastante diferença ao viver desencarnado* – disse Rodrigo. – *Minha família encarnada é rica; vivi no plano físico tendo tudo o que desejava, era mimado e só estudava. Aqui, estranhei ao precisar limpar o quarto e dividir meu espaço. Mas acabei por compreender que não poderia ter regalias, e que é bom fazer essas tarefas. Lá na Terra, ficava sempre com medo de sequestro, roubo e temendo as pessoas. O que mais gostei na espiritualidade é viver sem medo, aqui ninguém faz mal aos outros.*

– *Nas colônias e nos educandários é assim. No umbral, porém, os desencarnados ainda podem continuar fazendo mal* – disse Lucas.

– *Ainda bem que não fui para lá!* – exclamou Rodrigo.

– *Eu estou muito feliz aqui!* – disse Marcelo. – *Minha família é muito pobre. Morávamos num barraco, onde necessitávamos de tudo, até fome passei. Desencarnei porque tive tétano e demoraram para me atender, num hospital público. Aqui tenho tudo e estou muito feliz. Minha família continua pobre, tenho dó deles, mas sei que eles necessitam fazer suas lições de aprendizado, e que estas têm de ser concluídas.*

Despedimo-nos depois de outra volta pela pista. Sentir-se feminino ou masculino, no plano espiritual, é manter os reflexos do corpo físico. Nessa instância, temos ainda essas designações, porém sabemos que o espírito não tem sexo. Aqui, com o passar do tempo, sentimo-nos como seres iguais, sem diferenças, todos necessitados de evolução.

O educandário era meu lar, e eu cuidava dele. Se nosso lar está em ordem, tem harmonia, desfrutamos melhor do que ele oferece. Se todos estão bem e felizes, também estou. Compreendi que é assim em todos os lugares, se queremos o melhor, devemos fazer o que nos compete. Reclamar sem nada fazer de bom é um péssimo hábito, e é dando que se recebe. Foi isso que eu disse um dia ao Samuel, quando nos encontramos no pátio. Ele desabafou:

– *Rosângela, não gosto de dividir meu quarto com outros garotos. Meu colega do lado esquerdo é desorganizado, está sempre deixando objetos no meu espaço. O do lado direito tosse muito. Não adianta lhe dizer que não precisa mais tossir, que não está mais doente. Acho que tosse para chamar atenção. Queria me alimentar mais, lembro-me dos bolos que mamãe fazia e tenho vontade de comer um inteirinho. Na escola, preciso estudar muito, porque os mestres assim o exigem. Queria que tudo fosse possível para os mortos, ou seja, para os desencarnados, por exemplo: se desejássemos saber, saberíamos, se quiséssemos ser médicos, seríamos, não deveríamos precisar estudar. Gostaria de ser um excelente jogador de basquete, mas, para isso, tenho de treinar. Queria que bastasse querer para conseguir. Que vida chata! Tanto lá, encarnado, como aqui, é preciso estudar e trabalhar para ser alguma coisa!*

– *Samuel* – falei –, *não é bom só ver dificuldades em nossa vida. Com boa vontade, resolveremos nossos problemas e será fácil resolver os seus. Tenha todos aqui como amigos, dê sua amizade e receberá. Esforce-se para ver as qualidades das pessoas. Ajude seu colega a arrumar os objetos dele e dê carinho ao companheiro que tosse, converse com ele, auxilie-o, com certeza ele melhorará. Será, Samuca, que eles também não têm algumas queixas de você?*

– Talvez, Rosângela. Acho que estou impaciente com eles e acabo implicando – respondeu meu amigo, com sinceridade.

– Samuel, seria muito monótono saber tudo, como você está desejando. O trabalho movimenta o universo. Jesus disse que o Pai, Deus, trabalha incessantemente. A vida é agir. Aprendemos estudando, vemos o resultado de nossos atos trabalhando. Isso é maravilhoso! Se todos tivessem esse privilégio de querer e ter sem se esforçar, estudar ou trabalhar, perderíamos a razão de existir; a vida acabaria, porque vida é atividade. Samuca, não fique só desejando, querendo o que não tem ou não pode ter no momento e esquecendo de tantas coisas boas que possui no presente.

– Não quero ser ingrato! Mas queria estar lá em casa, encarnado! Conheci um garoto que se suicidou! Não consigo entendê-lo! Viver encarnado, mesmo com problemas, é tão bom! Só deveria morrer quem quisesse – queixou-se Samuel.

– Você está agindo e pensando de modo errôneo – falei, tentando orientá-lo. *– Problemas e dificuldades fazem parte da nossa existência, e quando encarnados os temos mais; se não os resolvermos aqui, continuaremos a tê-los. Devemos amar a vida, o lugar onde estamos vivendo. Você está aqui porque sua morte não foi desejada, ocorreu no momento certo. Seu estágio encarnado foi breve e houve motivos justos para isso.*

– Vou ser sincero com você, Rosângela – continuou Samuel a se lastimar. *– Acho o educandário e a colônia lindos,*

um exemplo de vida que os encarnados deveriam seguir. Tudo é perfeito, porém gosto mais da vida no plano físico. Mesmo com as dificuldades que temos lá, doenças, dores, frio, calor, preferia estar encarnado.

– A gente está sempre preferindo alguma coisa. Na Terra, você preferia estar em outra escola, ter outra bicicleta, outro objeto, casa, fazer uma viagem diferente, etc. Não devemos deixar essas preferências nos privar de dar valor ao que temos. Se você amar o que tem, sobrará pouco tempo para se lamentar.

– Por que desencarnei, se não queria? – perguntou Samuel.

– Muitos encarnados perguntam por que estão lá na Terra, na vestimenta do corpo físico. Aqui nos perguntamos por que desencarnamos. Meu amigo, entendo que a vida é única. Às vezes, vive-se lá; outras, aqui. A reencarnação existe como prova da justiça e da misericórdia do Pai. Cuidado com o vício da reclamação, pois a pessoa insatisfeita o é em qualquer lugar em que se encontra. E aprender é tão bom! Se não tivéssemos o que fazer, se obtivéssemos tudo o que desejamos, nada teria valor e ficaríamos desocupados. A ociosidade seria um vazio, um nada, um castigo.

Nilton aproximou-se de nós e, alegre, deu um tapinha nas costas de Samuel, convidando-o:

– Samuca, vamos jogar basquete! Se quiser eu ensino a você aqueles lances que achou legal.

Samuel virou-se para mim, deu uma piscadinha, sorriu e respondeu:

– Quero! Você, Nilton, está sendo muito paciente comigo, eu lhe agradeço. Vamos jogar, vou me esforçar para aprender. Valeu, Rosângela, obrigado!

Os dois foram para as quadras de jogo. Pensei no que falei e percebi que serviu para mim também. Lembrei-me de Hortência, que um dia nos disse: "*Quando conversamos com alguém, tentando ajudar, acabamos resolvendo alguns dos nossos problemas. Às vezes falamos ao outro o que desejamos escutar.*"

Muitos de nós, às vezes, sentíamos falta das coisas de que usufruíamos quando encarnados, mas se ficássemos só pensando no que perdemos e nos lamentando, sofreríamos desnecessariamente, porque no plano espiritual temos e recebemos muitas coisas boas.

Recordei-me do garoto citado por Samuel, que se suicidou. Conhecia-o da escola, na Terra. Eu estava doente quando uma colega, ao visitar-me, contou o triste acontecimento. Quando Solange chegou, comentei com ela:

– Não é um absurdo, Solange? Eu doente, lutando pela vida, e ele, sadio, se mata. Nunca teria coragem de me matar. Iria para o Inferno!

– Você, irmãzinha, acredita que Deus, sendo tão bondoso, condenaria um de seus filhos ao Inferno eterno?

– Se fosse Deus não condenaria. Acho que esse garoto não queria morrer, acho que foi uma imprudência, ele não pensou nas consequências. Sinto que Deus não o condenará a sofrimentos eternos.

– Também acho. Sofrimentos eternos não existem, porém recebemos as reações de nossos atos. O suicídio é um homicídio, um erro grave; quem o comete sentirá suas consequências. Alegro-me por você pensar assim. Devemos sempre querer viver.

No educandário, conversávamos muito sobre desencarnação. Do que desencarnáramos? Como? Principalmente no início, era o assunto preferido de todos nós. E não escutara ninguém falar que se suicidara. Sabia que muitos jovens cometiam essa imprudência. Por que, então, não ouvira?

Pensando nisso, na aula de evangelização, pedi:

– *Professor Luís, gostaria de saber mais sobre o suicídio. Quando encarnada, falaram-me que quem se suicida vai para o fogo eterno, não é perdoado. Mas também me ensinaram muitas outras coisas, que agora sei que não são bem como me disseram.*

– *Rosângela* – orientou gentilmente Luís –, *a vida é uma bênção, estar encarnado é ter um período de aprendizado. Devemos dar valor a essa dádiva e sermos gratos. Ao se fazer uma ação errada, normalmente não se pensa nas consequências. Não se tem uma regra geral, não podemos dizer: fez isso e receberá aquilo. Muitas desculpas são dadas por aqueles que cometem o suicídio, mas nenhuma justifica esse ato. Como vocês já viram, não existem gozos nem sofrimentos eternos. O plano espiritual é imenso, há muitos lugares bons e outros nem tanto. Ninguém, porém, fica sem o auxílio amoroso do Pai Celeste, que deixa que Seus filhos se ajudem.*

– *Não sei de ninguém aqui que se suicidou* – comentei. – *Mas tenho conhecimento de que muitos jovens cometeram essa imprudência de dar fim à vida do corpo físico. Onde estão eles? Estão conosco?*

– *Quando eu estava encarnado* – respondeu o professor –, *não escutei ninguém perguntar do que encarnou ou por quê. Mas aqui os recém-desencarnados conversam muito sobre o porquê do desencarne. É sempre constrangedor ao suicida falar aos outros o que fez, principalmente para aqueles que lutaram contra doenças e passaram por muitas dificuldades, sem perder a fé e a esperança. Por isso, esses jovens são abrigados em outros locais.*

– *Eles sofrem?* – quis saber Maria das Graças, uma colega de classe.

– *Não posso generalizar, cada um tem sua história* – elucidou o professor. – *Normalmente, quem se suicida acaba se arrependendo, e o remorso dói muito. Vocês sentem falta dos afetos de quando estavam encarnados, de muitas coisas que lá deixaram, porém sabem que a mudança aconteceu por motivos justos, independente de suas vontades. Agora, imaginar que isso se deu por livre escolha muda a situação. Vocês sabem que seus familiares sofreram ou sofrem com a separação, e sentiriam remorso se soubessem que são culpados por causar esse sofrimento.*

– *Professor Luís, ouvi dizer que embora o sofrimento não seja eterno nem no fogo, o suicida sofre muito além da dor do remorso. É verdade?* – perguntou Miguel.

– *Você ainda acha que eles sentem dor maior do que a do remorso?* – Carolina interrompeu, dando sua opinião. – *Arrependimento dói muito. Um dia bati no meu gato, joguei-o longe, quebrando sua patinha. Papai o levou ao veterinário, que o medicou. Sofri e chorei muito, senti remorso, arrependi-me por ter feito aquilo. Só que não bastou meu arrependimento, o gato sentiu dores, ficou meses mancando. O remorso não conserta nossos atos, mas meu Fofinho me desculpou, porque assim que voltou da clínica veterinária, veio direto para meu colo. Mamãe brincou comigo dizendo que eu senti e chorei mais do que o gatinho. Prefiro ter uma doença a sentir a dor do remorso.*

Concordamos com Carolina. Quando ela terminou de falar, olhamos para o professor Luís, que indagou:

– *Se vocês têm a oportunidade de estar aqui, nesta sala de aula, aprendendo, e um de vocês não quiser ficar, e sair, o que acontecerá?*

Marcelo respondeu:

– Ele mesmo se privará de aprender, de conviver conosco, seus amigos... irá parar enquanto nós caminhamos.

– Respondeu certo – continuou o professor a nos esclarecer. – *Podemos comparar um suicida a um aluno desertor que rejeita a oportunidade de aprendizado. Muito mais grave do que deixar uma sala de aula é abandonar a vida física. Se com a desencarnação temos, por afinidade, um lugar para morar, ao qual fizemos por merecer, uma pessoa que não fez jus à oportunidade pode ir para locais não tão bonitos e agradáveis. Isso não é considerado castigo, serve para ensinar as pessoas a dar valor aos estágios da vida. Existem, no plano espiritual, muitas moradas onde uma pessoa que rejeitou o corpo físico pode ficar, locais no umbral onde permanece até que mude seus sentimentos e queira se modificar para melhor, como, por exemplo, o Vale dos Suicidas. Quando socorridos, vão para abrigos, colônias próprias, onde são orientados, evangelizados. Mas, como disse Carolina, o remorso não anula o fato, mas por meio dele a pessoa pode se modificar para não errar novamente. Jovens que cometem esses atos vão para esses abrigos e ficam em alas separadas dos adultos. E respondendo a você, Miguel, até serem socorridos os suicidas sentem os reflexos dolorosos do corpo físico, uns mais outros menos, dependendo de muitos fatores, das causas que o levaram a cometer a imprudência.*

– Eles reencarnam com deficiência por não ter dado valor a um corpo sadio? – perguntou Luíza curiosa.

– Não posso responder generalizando; cada caso é um caso. Cada reencarnação é sempre estudada com carinho, e a deles também foi – respondeu Luís.

– *Estou pensando* – falei –, *desencarnei doente e jovem. Será que na outra vida era sadia e me matei?*

– *Isso pode ter acontecido, mas creio que não é o seu caso* – disse o professor.

– *Vou concordar com o senhor, sinto no íntimo que não me suicidei anteriormente* – expressei-me.

– *Conclusão* – opinou Carolina –, *o jovem suicida errou, sofrerá as consequências do seu ato, mas a bondade de Deus não o desampara. Ele terá outras oportunidades, só que poderá ser exigido mais dele neste aprendizado, o que muitos confundem com sofrimento. Saber que isso não é para sempre é compreender a imensa misericórdia de Deus.*

Lembrei-me da professora Ester, que soube aproveitar bem o auxílio que lhe foi dado. Amigos e familiares de suicidas devem perdoá-los e ter esperanças, porque eles terão socorro, orientação e novas oportunidades.

– *Já pedi para reencarnar* – falou Carolina. – *Aconselharam-me aproveitar minha estada aqui nesta colônia, no Educandário Flores de Maria, me preparando melhor. Sinto-me como uma flor que recebe todo o cuidado para se tornar um fruto que será útil, alimentando almas. Quando roguei pela reencarnação, sentia falta da vida física, mesmo com as muitas dificuldades que temos lá, preferia viver encarnada. Visitei, na colônia, o Departamento da Reencarnação, vi que há muitos pedidos para voltar à matéria, percebi a dificuldade de muitos para realizar esse projeto. O tempo passou, adaptei-me, e agora não quero reencarnar. Quero ficar aqui para sempre.*

Rimos. Luís nos elucidou:

– *Amar a vida como ela é e dar valor a todas as suas fases é demonstrar que estamos colocando em prática o que aprendemos.*

Não devemos querer viver só o estágio de encarnado nem desejar ficar somente no plano espiritual. Os moradores das colônias podem desfrutar da orientação dos servidores do Departamento da Reencarnação e planejar cuidadosamente suas encarnações. Carolina tem razão, não voltamos à Terra com um simples querer. Há mais pedidos do que encarnações disponíveis. Por isso, se deve dar valor a essa oportunidade, que é resultado do trabalho de muitos. Todos nós devemos voltar ao plano físico e não devemos menosprezar a preparação. Lamentar o passado e só fazer planos para o futuro não resolve nossos problemas, temos de viver bem no momento atual.

– *Suicida é aquele que deserta do presente!* – opinou Romério.

– *Concluo que estamos sempre dando trabalho para alguém* – disse Carolina. – *Aqui, recém-chegados, damos um trabalhão e para voltar à Terra, outro maior. Já é tempo de servir e colaborar. A necessidade que temos é a fraternidade. Quero aprender e colocar em prática o que aprendo e ser fraterna!*

Concordarmos com ela. A aula terminou e fomos para o pátio.

16

Gostava e gosto muito de crianças. Minhas tarefas junto delas eram prazerosas, brincávamos, cantávamos e ríamos de tudo. Nos educandários, todos são amados verdadeiramente, recebem um amor sem egoísmo, que educa, orienta e dá segurança. Dificilmente uma criança emburrava para ganhar algo ou respondia maliciosamente. Lá, aprendia-se a não agredir os companheiros.

Nessa tarefa, aprendi a conviver, a escutar e a dar o melhor de mim. Às vezes, quando alguns dos pequeninos choravam querendo alguém do plano físico, esforçava-me para não chorar junto e desdobrava-me em carinho. Ali, naquela parte da escola, não havia nenhuma pessoa doente ou que sentisse alguma dor.

– *Rosângela* – explicou Estefânia, uma senhora que orientava aquela ala infantil –, *quando uma criança ou jovem sente o reflexo do corpo material, fica no hospital, e os que estão com dificuldade de adaptação permanecem no Setor de Recuperação.*

Eu estudava com vontade, gostava de aprender, e, um dia, depois de uma aula de evangelização, fiquei pensando em como Deus é bondoso por não levar nenhum de nós a viver de maneira ociosa em algum lugar. Sentiria muito não continuar aprendendo. Estava muito feliz. Nada me faltava, e todos ali se sentiam como eu, com raras exceções. Nessas exceções estavam os insatisfeitos, espíritos que, com carinho e firmeza, estavam aprendendo a se contentar com o que poderiam ter no momento.

Fiz muitos amigos, Carina e Melina eram companheiras fiéis. Lourdes e eu nos tornamos realmente grandes amigas, éramos como irmãs. Mesmo estudando em salas separadas e tendo atividades diferentes, estávamos sempre juntas, contávamos tudo o que nos acontecia uma para a outra. Lourdes aprendeu a dançar e o fazia maravilhosamente bem. Sua tarefa era ensinar dança aos pequerruchos e queria ser, no futuro, uma professora. Tinha mesmo jeito, ensinou-me muito. Ela e eu encontramos Fátima e Lorena no corredor. Depois dos cumprimentos, Fátima nos alegrou com a notícia:

– *Vim para a escola e estou gostando muito. Estou num alojamento que tem uma orientadora só para nós, e ela tem seu cantinho ao meu lado. Fiz amizade com Lorena, estamos estudando na mesma sala, ela me compreende. Vou aprender a dançar!*

Lourdes e eu suspiramos aliviadas. Fátima demorou para se adaptar. Compreendi o tanto que nos ajudam o entendimento de nossos familiares e a nossa vontade de querer estar bem.

Gostava muito de receber visitas dos meus familiares e de visitá-los. O tempo passa, amenizando as dores, não sentia mais ninguém chorando por mim. Meus encontros com tia Ana Elisa rareavam, tínhamos muitos afazeres, mas, quando nos encontrávamos, eu falava demais, contava-lhe tudo o que fazia. Pacientemente, titia me escutava e elogiava, incentivando-me.

Passei a excursionar bastante com o coral. Uma vez, num local de socorro onde fomos nos apresentar, vi alguns desencarnados cujo perispírito apresentava aspecto infantil, brincando no chão e querendo atenção. Ao vê-los, perguntei curiosa e aflita para Georgina:

– Por que esses espíritos estão assim? Por que não estão conosco no educandário?

– Rosângela, somos espíritos milenares, já encarnamos inúmeras vezes e também desencarnamos de muitas formas e em diversas idades físicas. O perispírito com o qual estamos revestidos é modificável para cada encarnação, e aqui também podemos modificar nossa aparência, basta saber. Sem ser regra geral, todos os que desencarnam quando crianças são socorridos; já os jovens dependem de merecimento. Vamos iniciar nossa apresentação. Recomendo que preste atenção nesses seres, sem descuidar do canto. Depois, explicarei a você esse fato.

Foi mais uma apresentação muito bonita. Vi, na frente, outro grupo de crianças, sentadas, assistindo à apresentação. Estavam bem, limpas e alegres. Aquelas que haviam me impressionado permaneceram quietas, ouvindo; algumas se emocionaram e foram socorridas logo depois que terminamos de cantar.

As crianças que estavam na frente, juntamente com alguns jovens, vieram nos cumprimentar, foi um encontro fraterno. Fomos embora. Georgina nos reuniu no pátio e explicou:

– *As crianças e os jovens que estavam à nossa frente vendo o espetáculo desencarnaram com aquela idade que aparentavam em espírito. Estão abrigados em outro local de socorro e encontram-se bem sob a orientação e ajuda dos trabalhadores desencarnados daquele local de auxílio que fomos visitar. São felizes e amam o que fazem. Os outros que vimos, bastou observar para compreender que não estão orientados, não desencarnaram na fase infantil, mas adultos. Modificaram seus perispíritos para ter aparência de crianças por muitos motivos. Alguns o fazem por carência, achando que na condição de crianças receberão mais atenção ou até piedade; outros, mais brincalhões, gostam de se divertir e enganar. Muitos vieram espontaneamente, outros foram trazidos. Todos recebem auxílio e orientação. É, porém, respeitado o livre-arbítrio deles. Somente aqueles que desejarem serão abrigados.*

Entendemos. Sempre que víamos desencarnados assim, mandávamos a eles vibrações especiais de carinho.

Eu gostava e gosto muito dos jardins floridos da colônia. As crianças aprendem a respeitar a natureza e a cuidar das plantinhas. Se alguém, por algum descuido ou acidente, danificar uma planta, cuidará dela. É assim também com os animais, há muitos pelo educandário; eles vivem soltos, brincam com as crianças e são bem tratados. Vivem em harmonia, não temos medo deles nem eles de nós. Não existem agressões. Passarinhos vêm se alimentar em nossas mãos, e coelhinhos saltam em nosso colo querendo afago. Há peixinhos em aquários, nas fontes, esquilos nas árvores e muitos outros animaizinhos graciosos. Esse carinho é uma terapia para muitos internos.

A responsável pelo Flores de Maria é vovó Lala, uma senhora de cabelos curtos e grisalhos, magra, de olhos bondosos e sorriso amável, cuja idade não sei determinar. Soubemos que trabalha sem folga e está sempre andando pelos setores. Todos a amam.

Um dia, durante a aula, um de meus colegas quis saber mais sobre vovó Lala. Nossa professora nos disse o que sabia:

– *Vovó Lala chama-se Lázara. Quando encarnada, foi uma professora interessada na educação e instrução de crianças e jovens, que dedicou sua vida a essa tarefa. Quando desencarnou, veio por merecimento para a colônia e logo estava estudando e trabalhando. Está no Flores de Maria há muito tempo. Aqui foi enfermeira, professora, orientadora de setores e há vinte anos é responsável pelo nosso educandário.*

Passei a admirá-la mais por sua dedicação, que era um exemplo para todos nós.

Continuamos sempre indo à colônia, em excursões, eram passeios agradáveis. É uma cidade lindíssima, há vida, trabalho e oportunidades de estudo e de aprender a conviver com fraternidade e amor. Há muitos prédios onde estão diversos setores de atendimento. Infelizmente, a parte que cuida dos necessitados é enorme. São locais chamados de hospitais. Vim a saber depois que, quando nos desarmonizamos, temos necessidade de nos harmonizar com as leis divinas e que, quando estamos desarmonizados, sentimo-nos doentes mental e espiritualmente. Desencarnados que não aprendem a viver sem os condicionamentos do corpo sentem as mesmas doenças que possuíam quando encarnados. Então, são internados nos hospitais para melhorar e, depois, integrar-se à vida útil da colônia.

Há diversas escolas e locais de trabalho. Compreendi que é trabalhando que aprendemos.

Há muitos lugares lindos nesta moradia espiritual. Seus bosques e jardins são recantos de descanso e recolhimento, onde muitos passeiam nos horários de lazer.

Nós, os jovens e as crianças, quando visitamos a parte destinada aos adultos, somos bem-recebidos e tratados com carinho.

Para conhecer bem a cidade espiritual, fizemos vários passeios de aeróbus. A área reservada à moradia é enorme, as casas são simples, com muitas plantas e flores. Não existem exageros de espaço, têm-se o que é necessário. A colônia é cercada por muros altos e vários portões; o principal é enorme e muito bonito.

Saímos do educandário quase sempre pelo portão que fica no setor um.

Muitas crianças reencarnavam, outras cresciam quase como se estivessem no corpo físico; jovens tornavam-se adultos e iam residir em outra parte da colônia. Pensei no que queria e resolvi ficar como estava. Mas essa decisão não cabia só a mim. Marquei uma audiência com vovó Lala. Como sempre fazia, ela recebeu-me com um abraço e uns beijos estalados. Escutou-me atenciosa.

– *Vovó Lala, não quero crescer, quero continuar com a aparência que possuía quando meu corpo físico desencarnou, só que sadia. É meu desejo que, quando meus pais desencarnarem, vejam-me assim, como se recordam de mim.*

– *Rosângela* – respondeu vovó Lala carinhosamente –, *você, minha querida, logo irá aprender a modificar sua aparência perispiritual. Pode se tornar adulta e quando a desencarnação de seus pais acontecer poderá modificar-se e assumir a forma infantil até que eles se adaptem ao plano espiritual.*

– *Mas quero trabalhar com crianças, e acho que eles têm mais afinidade comigo como estou. Serei sempre igual a eles, assim terão mais confiança para contar seus problemas.*

– *Com o estudo e a vivência que está tendo, você amadurecerá, minha querida* – expressou a orientadora do Flores de Maria.

– *Sei disso* – afirmei –, *e anseio aprender cada vez mais. Sinto-me um espírito adulto. Será que não posso ter maturidade num corpo perispiritual de aparência juvenil?*

– *Não vejo inconveniência, porém devo consultar o conselho. Amanhã lhe darei uma resposta.*

Voltei às minhas tarefas e esperei calmamente. Era algo que queria, porém aceitaria com alegria qualquer decisão. Muitos pedidos vovó Lala resolvia imediatamente, mas para atender a alguns outros, consultava o conselho, que era formado de instrutores e de professores do educandário.

No outro dia, no horário marcado, fui ao setor um, no gabinete da vovó Lala, que me falou contente:

– *Rosângela, querida, seu pedido foi aprovado. Fique como quiser, só não esqueça de colocar em prática seu amadurecimento e saiba que pode mudar de opinião; se isso acontecer, venha novamente falar comigo. Terá a aparência de adulta quando quiser.*

Fiquei em meu cantinho, que teve muitas mudanças. Cecília reencarnou; Hortência era agora orientadora de alas; Leninha, professora. Lourdes tornou-se adulta, terminou os estudos no educandário e foi residir com seus avós na colônia, fez outros cursos e tornou-se professora, lecionava tanto para adultos quanto para crianças. Eu era a que mais permanecia ali, no alojamento, recebia as novatas, auxiliando-as. Gostava muito de fazer isso; como recebi, queria retribuir.

Eu conhecia tudo no educandário, esse lugar de dádiva era simples e alegre. No setor um, da administração, havia somente o necessário: alguns enfeites de bom gosto, pinturas bonitas e vasos de flores.

Nosso lar é muito limpo, e isso se deve à educação que recebemos. Devemos conservá-lo e não deixar nada fora do lugar.

Eu levava sempre um grupinho de pequerruchos para ver as pinturas de Nestorzinho. Ele havia pintado muitos quadros, que ficavam espalhados pelo educandário. Também esse artista tornou-se adulto e residia na colônia.

– *Esta é você, Rosângela!* – exclamou uma garotinha.

Nestor havia me retratado escutando Jesus com a expressão de "quero aprender".

A meninada batia palmas, ficava alegre vendo Jesus sorrindo.

Tivemos aulas para aprender a modificar nosso corpo perispiritual. Gostamos. A maioria já havia se modificado com o passar dos anos. Nas aulas, aprendemos a mudar nossa aparência em segundos. Para os que se tornaram adultos, era proveitoso esse aprendizado, porque quando iam visitar os parentes, voltavam a ser como eram quando desencarnaram. Divertíamo-nos, apresentávamo-nos como idosos, criancinhas, ríamos às gargalhadas, mas aprendemos.

Em minha classe, eu era a menor, de aparência novinha e a mais estudiosa. Como escrevia bem, comecei a querer fazer algo com esse dom e planejei estudar literatura.

17

— *Rosângela, você quer trabalhar no Setor de Recuperação?* – indagou vovó Lala, convidando-me.

– *Será que tenho condições?* – perguntei.

Vovó Lala sorriu. Compreendi que ela não me convidaria se eu não pudesse realizar a tarefa. Respondi, alegre:

– *Quero!*

Senti-me rejubilada com o convite e fui contar a novidade às minhas amigas. Lourdes vibrou, contente. Quando desencarnei, fui socorrida assim que meu corpo físico teve por encerrada suas funções vitais. Uma equipe de socorristas me desligou e eu, Rosângela, em espírito, continuei viva e vim para o educandário, para o setor quatro. Dormi e acordei depois de muitos dias. Voltar a este setor como trabalhadora deixou-me emocionada.

No dia seguinte eu já estava lá. O centro de recuperação era dividido em alas: a de número um, para os nenezinhos; a dois, para as crianças pequenas; a três, para as maiores e a quatro, para os jovens.

É um setor bonito, a decoração é alegre. Escutam-se por todo o prédio músicas suaves ou o coral cantando. Os quartos são confortáveis. É onde, no princípio, a maioria dos abrigados fica por mais tempo, porque, nesse período de adaptação, o sono é uma grande terapia.

Por falar em sono, eu quase não dormia mais nem me alimentava. Às vezes, tomava um caldo ou suco com amigos pelo simples prazer de fazê-lo ou para acompanhar alguém que necessitava se alimentar, como os recém-chegados.

Comecei pela ala dos nenês, que tanto amava. Fui recebida por Laura, a responsável por essa parte.

– *Rosângela, seja bem-vinda, é um prazer tê-la conosco.*

Gostei tanto de servir nesta ala, que me organizei e passei a trabalhar várias horas a mais por dia. Pegava os bebês, beijava-os, mimava-os e deles recebia sorrisos. Eles gostavam de mim.

Estávamos sempre recebendo bebezinhos, era um vaivém constante. Para muitos, a permanência ali era rápida. Laura me explicou:

– *Rosângela, são muitos os nenês que desencarnam, que tiveram uma passagem rápida pelo plano físico. E cada caso é estudado com carinho e atenção. Para muitos, essa estadia curta já estava programada. Assim, todos são trazidos para locais de socorro. Alguns que recebemos aqui permanecem conosco até que tenham condições de ir à escola. Outros ficam somente por horas ou dias e são levados para a colônia, no Departamento da Reencarnação, onde voltam à forma perispiritual que apresentavam antes de reencarnar, e há os que retornam à Terra num outro corpo físico, reencarnando.*

– Só os nenês voltam a ter a aparência perispiritual anterior? – perguntei.

– Essa transformação pode ser feita por qualquer pessoa, desde que seja aprovada pelos trabalhadores do Departamento Reencarnatório. Ocorre mais facilmente com os que desencarnam até os sete anos e, mais frequentemente, com os menorzinhos.

– Estes que voltam a ter a aparência da encarnação anterior recordam o passado e continuam amando seus pais da vivência mais recente na Terra? – quis saber.

– Sim, continuam lembrando deles e amando-os – respondeu Laura.

– Ontem nos despedimos de um grupinho que ia reencarnar. Por que alguns voltam logo para o plano físico?

– Muitos desencarnam nenês. Mesmo breves, os estágios no corpo físico têm muita importância ao espírito, e o desencarne ocorre por muitos motivos. Sempre é analisada a necessidade de cada um e estudado o que é melhor no momento. E para muitos o melhor é voltar ao corpo físico. Eles são encaminhados ao Departamento da Reencarnação, voltam a ser um feto e são levados às futuras mamães, reencarnam.

– E por que alguns ficam no educandário, crescem e tornam-se até adultos? – indaguei.

– Estes, minha querida, não têm por que voltar à aparência anterior, e um dos motivos para que isso não aconteça é evitar que recordem o passado, suas antigas vivências, pois

se eles tiverem motivos para sentir remorso, irão ter, e isso os impedirá de passar o período tranquilo de que necessitam. Esse estágio aqui é de reeducação, um recomeço para o fortalecimento e o aprendizado.

– Laura, estou lembrando agora de uma de minhas tias que teve sua gravidez interrompida. O feto morreu antes de completar seis meses de gestação. Titia chorou muito. O que ocorreu com esse espírito? O que acontece quando a gravidez é interrompida por um aborto?

– Depende muito. Normalmente, o espírito é trazido ao Departamento Reencarnatório da colônia, localizado no espaço espiritual da cidade onde tentou reencarnar. Abortos acontecem por diversos fatores e por muitos motivos. Quando o espírito é trazido para o plano espiritual, seu caso é estudado, alguns têm de passar por essa tentativa, porém há casos em que acontece algum imprevisto na gestação, que danifica o feto. Alguns, ao voltar para a espiritualidade, tentam reencarnar logo em seguida, outros voltam à sua forma anterior, e muitos ficam em locais especiais, como fetos, até que lhes preparem outra encarnação.

– Laura, você disse que normalmente são trazidos para uma colônia. Há os que não são socorridos? – perguntei, curiosa.

– Quando o aborto é provocado – continuou a orientadora a me explicar pacientemente –, *pode acontecer de o espírito que iria reencarnar não querer nossa ajuda. Esses que agem assim podem voltar a ter sua aparência perispiritual da vivência anterior e obsediar aqueles que não o quiseram por filho. Mas também existem os que perdoam e vão para outros lugares ou, até, tentam outra vez.*

Meses depois, Laura me deu nova tarefa: servir na ala dois, das crianças pequenas. Pensei em pedir para continuar com os nenês, que amava tanto, porém ela, percebendo minha indecisão, argumentou:

– *Rosângela, mudando de tarefa estará aprendendo muito. Você, minha querida, está sendo muito útil aqui, mas só saberá a importância do trabalho realizado no nosso Setor de Recuperação, se conhecer todas as alas.*

Concordei, e Laura me levou para conhecer Rita, a responsável pelo cantinho que abrigava as criancinhas.

Fui trabalhar na ala dois, recebi a incumbência de cuidar de um dos quartos com quatro leitos. As camas tinham grades baixas para que as crianças não caíssem. Dormiam muito. Acordados, brincavam no quarto onde havia muitos brinquedos, também iam ao pátio, que era pequeno, bonito e com flores.

Agradava-os, cantava e brincava com eles. Tentei conquistá-los e consegui, tornamo-nos amigos.

Logo no segundo dia, Jéssica chorou muito, queria os pais. Não quis ficar no meu colo, coloquei-a na cama, tentei entretê-la, mas não consegui, ela ficou mais nervosa e agitada. Chamei por Rita, que veio logo. Jéssica revirava-se no leito, dizia chorando:

– *Já vou, mamãe! Não os abandonei! Quero voltar para casa!*

Pensei que Rita fosse pegá-la, mas calmamente ela estendeu as mãos sobre Jéssica e convidou-me, com o olhar, a fazer o mesmo. A menininha foi se acalmando. Então Rita passou as mãos pelos seus cabelos anelados e falou meigamente:

– Jéssica, minha garotinha, você não quer dormir um pouquinho? Quando acordar a levaremos para ver os peixinhos, dos quais gosta tanto. Vou lhe dar um aquário com seis peixes vermelhos. Quer?

– *Quero!* – respondeu a menina com sono.

A orientadora ajeitou-a com carinho, cantou baixinho, e a garotinha dormiu.

Eu tinha aprendido a usar as mãos como transmissores de energia, gesto usado por muitos encarnados e chamado de passe, benção etc. O processo era o seguinte: primeiro nos concentrávamos, orávamos e renovávamos nossas energias; quando nos sentíamos saturadas de boas vibrações as distribuíamos. Ao ver Jéssica chorar, esqueci-me desse recurso.

A garotinha, mesmo adormecida, ainda suspirava sentida. Rita não esperou que indagasse e esclareceu-me:

– O desencarne de Jéssica deixou os familiares inconsoláveis, assim como acontece com a maioria dos pais que têm um afeto querido ausente pela morte do corpo físico. A mãe encarnada estava chorando desesperada chamando por ela. Os sentimentos são uma ligação forte, e a garotinha sentiu isso, aqui. Claro que ela não entende o que ocorre. Jéssica teve de permanecer no hospital por um bom tempo, agora está aqui, conosco, e espero que esse período delicado passe logo. Você, Rosângela, por favor, coloque em prática o que aprendeu nas aulas de transmissão de energia. Pode me chamar quando necessário, mas tente, da próxima vez, resolver sozinha seus pequenos problemas. Lembro-a de que nossos pequeninos estão aqui se adaptando, em recuperação. Quando estiverem bem, passarão para os alojamentos e para a escola.

– *Zanda* – era assim que Fernando me chamava. – *Também quero minha mãe!*

Fui até ele, peguei-o no colo, dancei com ele, cantamos e brincamos. Temi que ele insistisse em chamar a mãe ou chorasse, porém Fernando distraiu-se e brincou até cansar. Depois, dormiu.

Ao voltar para o meu alojamento, fui pensando que quando nossos afetos encarnados compreendem e aceitam o nosso desencarne, tudo é facilitado para nós. Agradeci mentalmente a compreensão de meus pais, avós e irmãos. Eles sofreram, choraram, mas o pranto deles não me incomodou. Era sentido, sofrido, cheio de saudade, mas não desesperado ou revoltado, eles nem me chamavam. Senti, quando Jéssica chorava, sua mãe dizendo que ela os abandonara. Isso não era verdade. Primeiro, porque Jéssica desencarnou quando findou seu período programado de ficar na Terra. Segundo, porque a separação para sempre não existe. O amor une, e não somos separados de nossos afetos, podemos estar ausentes em corpo físico, mas não em pensamento, espiritualmente.

Sentia um carinho especial por Fernando, um bonito garoto, de traços orientais e lindos olhinhos puxados. Um dia, ele me disse:

– Zanda, mamãe chora por mim, está triste comigo, só que não fiz nada de ruim. Sou bonzinho, não sou?

– É sim, querido! Você é um amor! Mamãe chora de saudade. Logo ela deixará de chorar.

Fernando se distraía facilmente; gostava de dançar e de cantar. Achando-se bem, ele foi transferido para o setor sete e passou a frequentar a escola no setor seis. Ia sempre vê-lo. Ficamos amigos. Ele cresceu mais rápido do que se estivesse encarnado. Isso pode ocorrer na espiritualidade e quando acontece é com os espíritos mais amadurecidos, que têm mais instrução e conhecimento.

Jéssica ia reencarnar. Sua mãe ia engravidar e ela seria novamente a filhinha deles. Rita me explicou:

– *Rosângela, às vezes esse fato pode ocorrer, mas não é comum. Jéssica necessita voltar ao plano físico, e seus pais resolveram ter outro filho. A equipe do Departamento da Reencarnação achou melhor a todos que ela retornasse a eles.*

– *E se ela necessitasse reencarnar e seus pais não pudessem ou não quisessem ter mais filhos, o que aconteceria?* – perguntei interessada em aprender.

– *Escolheríamos outros pais para ela. Temos, Rosângela, que ampliar nossos afetos, e nada como o amor paternal para isso. Pode ocorrer de pais que tiveram um filho desencarnado receberem por filho outro espírito. Cada caso é estudado visando o melhor para cada um.*

– *Se meus pais quisessem ter outro filho, não seria eu. Não quero ainda retornar ao plano físico!* – exclamei sorrindo.

– *Por isso que esse fato não é comum. São levados em consideração muitos fatores, entre eles, a vontade do desencarnado. Jéssica, embora pequena, não tem, aparentemente, condições de opinar, porém sabemos o que quer por termos conseguido sentir seu espírito e também pela entrevista que fez antes da reencarnação anterior. Seu desejo era estar num corpo carnal para reparar erros do passado junto a familiares.*

Jéssica adormeceu, e Rita a levou para a colônia, no Departamento da Reencarnação.

* * *

A meninada não ficava muito tempo no alojamento do setor quatro. Eram poucos os que voltavam a ter a aparência da encarnação anterior. Quando isso ocorria, eram adormecidos e levados ao Departamento Reencarnatório. Alguns reencarnavam, mas a maioria ia para a escola.

Quando estava resolvendo todos os problemas sozinha, Rita me transferiu:

– *Rosângela, agora você irá para a ala das crianças maiores.*

Fui contente, sabia que essa tarefa era de muita responsabilidade, porque as crianças maiores questionavam e sentiam mais a mudança de plano. Mas se me mandaram era porque me julgavam capaz, não ia decepcioná-los.

Fui recebida com carinho por Isabel, a responsável pela ala.

As crianças que desencarnaram aos oito, doze ou até treze anos, ficavam na ala três. Algumas tinham passado pelo hospital, outras tinham vindo diretamente para o Setor de Recuperação, logo após terem desencarnado. Quando chegavam, ficavam acordadas por períodos curtos e, aos poucos, iam diminuindo as horas em que permaneciam dormindo.

Isabel me mostrou toda a ala.

– *Você, Rosângela, ajudará no quarto sete. Este aqui.*

Era um quarto com seis leitos, todos ocupados. Havia brinquedos, jogos, aparelho de TV, assim o chamávamos por ser parecido com a televisão dos encarnados. No educandário, assistíamos aos programas instrutivos e aos desenhos, que transmitiam otimismo e alegria. Depois de Isabel me explicar o que deveria fazer, indaguei:

– *Por que, Isabel, os trabalhadores do educandário são na maioria do sexo feminino?*

– *Creio que o espírito, revestido de um corpo feminino por mais tempo, desperta o instinto maternal e se adapta muito bem a essas tarefas. Embora tenhamos a aparência perispiritual feminina, normalmente a que usamos na encarnação mais recente, podemos revestir-nos de um corpo masculino. De fato, somos a maioria, mas temos aqui, conosco, muitos trabalhadores do sexo oposto.*

– *Vi num filme que os trabalhadores do umbral são em maior número do sexo masculino. Acho que eles têm mais senso de aventura* – opinei, rindo.

– *Ainda bem que há muitas formas de servir, é bom que os gostos sejam divergentes, assim temos trabalhadores em todas as atividades do plano espiritual* – elucidou Isabel.

– *Eu não gostaria de trabalhar no umbral* – concluí, após pensar um pouquinho, recordando o filme ao qual assistira.

Tive de me dedicar mais à minha nova tarefa. Conversava, tentando elucidar as crianças, que questionavam muito. Para ter mais tempo, deixei o coral, embora continuasse cantando bastante. Abdiquei até das visitas aos meus familiares, que recebia por merecimento obtido. Eles nunca me esqueceram, meus pais se distraíam com os vários netos e estavam passando por um período mais tranquilo.

Só não deixei de ir à biblioteca, de ler os livros e de estudar.

Amei as seis crianças, tornamo-nos amigas, escutava-as, atenciosa.

– *Sei que morri* – falou Maurício. – *Escuto dentro de mim meus pais e a vovó falando isso. Só que estou tão perdido!*

– *Maurício, você não está perdido, veio morar neste local, após o seu desencarne. Aqui é lindo! Você continuará estudando, terá amigos, esforce-se para se acostumar* – aconselhei.

– *Não gosto de estudar* – falou ele.

– *O estudo aqui é muito interessante e você irá gostar. Depois, poderemos praticar esportes, temos lazer* – argumentei, incentivando-o.

– *Nunca pensei que morrer fosse assim! Acho que preferiria ganhar asas, virar anjo e sair voando.*

– *Não terá asas, mas aprenderá a volitar, que é voar pela força de vontade.*

Ele se interessou, esforçou-se para melhorar e ir para a escola aprender a volitar.

Quando ele foi para o alojamento, no setor sete, primeiro aprendeu a volitar, frequentou as quadras de esportes, e só depois de um tempo é que passou a ir à escola. Sempre, dentro das normas do educandário, atende-se o desejo do interno, visando à sua adaptação mais rápida.

Clara era mandona. Ordenou a uma companheira de quarto:

– *Pegue isso para mim!*

– *Só se você falar as palavrinhas mágicas* – respondeu Marília.

– *Que palavrinhas mágicas?* – indagou Clara.

– *Por favor, obrigada, com licença, etc.* – respondeu Marília.

– Não seja criança, essas palavras são normas de educação e só alguém com pouca inteligência acharia que são mágicas.

Marília não gostou, ia responder, então, interferi:

– Clara, meu bem, às vezes podemos sentir magia, boa vibração, nas palavras. Você, ao falar para Marília "pegue isso para mim", o fez sem muita delicadeza. Se tivesse pedido "por favor", ela teria pegado. Era sua mágica realizada.

– Vocês estão me prendendo aqui! – falou Clara se exaltando. – *Que cativeiro estranho. Não repita o que já escutei, que eu morri! Vocês querem o resgate! Já falei que meus pais têm pouco dinheiro. Não adianta me fazerem lavagem cerebral. Não vou permitir! Estou viva!*

Clara foi sentar num canto, ficou quieta, sem responder aos apelos para se enturmar. Revi sua ficha. Todos os internos do Flores de Maria tinham uma. As fichas daqueles que estavam na escola ficavam na sala da orientadora e só eram consultadas por professores. No Setor de Recuperação tínhamos, em cada ala, uma salinha com fichários. Neles estavam informações básicas: endereços, nomes dos familiares, o motivo do desencarne, enfim, tudo o que poderia ser útil aos orientadores.

Clara teve pais ateus. Para eles, Deus não existia, e quando a pessoa morria, acabava. Ensinaram assim para a menina, que estava agora confusa. Passei a lhe dar mais atenção.

– Clara, venha jogar conosco! – convidei-a.

– Rosângela, por que você é sempre tão gentil? Não a trato bem e você nem se aborrece.

– Não tenho por que me aborrecer com você, sei que está confusa, mas isso passa – respondi.

– Às vezes, sinto meus pais, isto é, eu penso que eles acham que me perderam. Parece que eles acreditam que acabei. Por que vocês me prenderam? Por que fazem isso comigo? Querem que eu acredite que eu morri? Quando morremos, acabamos...

– Clara, às vezes pensamos de modo equivocado sobre um assunto e podemos mudar de opinião ao ter mais esclarecimentos. Sempre estamos vivos, só que podemos viver em outros lugares. Você não está presa, está aqui se recuperando.

Clara passou a fazer um tratamento com nossos orientadores, onde recordou alguns episódios de sua encarnação anterior. Foi levada para ver os pais e o próprio túmulo. Parecia que nada adiantava.

– Rosângela, todos aqui são gentis comigo. Mas não estão agindo corretamente. Não consigo entender. Vocês são de alguma organização terrorista? Reeducam-nos, com alguma finalidade, para que nos tornemos fanáticos? Usam o poder da mente, que faz com que vejamos coisas estranhas?

Não respondi, já havíamos explicado a ela, por diversas vezes, que desencarnara e estava no plano espiritual. Resolvi distraí-la, levando-a à Praça da Fonte.

* * *

Os outros iam para a escola, e Clara ficava. Estava mais comportada, já usava as palavrinhas mágicas, às quais Marília se referira.

Numa de suas idas à Terra, em que a levaram para ver os pais, Clara voltou diferente; chegou, abraçou-me e desabafou:

– Hoje vi meu pai, ele estava em meu quarto e escutei-o, falava baixinho. Papai reclamou da dor que sentia pela minha falta, recordou do acidente que tivemos em que só eu morri. Meu paizinho questionou se não estaria equivocado julgando a não existência de Deus. Lembrou-se do dia em que me deu uma boneca e colocamos o nome de uma deusa grega. Ele repetiu a frase que me disse na ocasião, sofria tanto que por momentos senti sua dor. Estou pensando que não é hipnose, acho que é real, morri mesmo.

Chorou muito, e, aí, começou sua adaptação.

Meus estudos no educandário terminaram. Vovó Lala me chamou para uma conversa.

– Rosângela, sei que está em dúvida sobre o que irá fazer, pois terminou os estudos que o nosso lar oferece. Posso ajudá-la?

– Sim, e agradeço o carinho. O que a senhora acha que devo fazer?

– Para você conhecer todo o nosso trabalho aqui no Flores de Maria falta estagiar na ala de recuperação dos jovens e no nosso hospital. Por que não fica conosco e termina essa tarefa que só lhe trará mais conhecimentos?

– Vovó Lala, quero fazer um curso na colônia. Será que não posso estudar lá e trabalhar aqui? – perguntei.

– Pode. Ficarei contente se você continuar entre nós. Quer ficar no alojamento dos instrutores?

– Se puder, quero continuar onde estou.

– Fique onde quiser – autorizou vovó Lala. – *Sei que você está sempre ajudando as novas colegas.*

– Elas me veem como amiga, assim tudo fica mais fácil.

– *Alegro-me bastante por vê-la sendo útil!* – exclamou vovó Lala me abraçando.

– *É tão prazeroso ser útil onde recebemos tanto!* – falei emocionada.

E novas tarefas vieram.

18

Organizei-me do melhor modo possível. Continuei em meu cantinho, no setor sete. Não ficava muito lá, mas era prazeroso ter um local para guardar meus pertences, ler um livro ou fazer anotações e conversar com as garotas, principalmente com as recém-chegadas.

Fernando foi crescendo, já era jovem, estudava com vontade e era muito inteligente; conversávamos sempre que podíamos, íamos ao teatro, passávamos nossas horas livres passeando, cantando, éramos afins e muito amigos.

Fazia um curso na colônia estudando o *Evangelho* e um outro sobre a história da Terra. Essas aulas eram dadas em vídeo, e os acontecimentos importantes que se passaram em nosso planeta estavam gravados. Gostei demais do estudo.

Recebia algumas visitas de membros da minha família, conversava com eles, animando-os para que enfrentassem as diversas dificuldades que se tem quando encarnado. Também ia vê-los, ajudava-os no pouco que podia ou era permitido. Orava por eles, enviando-lhes energias amorosas, e, com isso, sentiam-se amados e entusiasmados. E quando nos sentimos assim, tudo se torna mais fácil. Meus pais estavam velhos, sentiam o peso dos anos no físico. Lembravam-se de mim, continuava a ser a filhinha deles, e isso era gratificante para mim. É tão bom nos sentirmos amados!

Continuei a servir no Setor de Recuperação, fui para a ala dos jovens. O orientador chamava-se Henrique, era um senhor de aspecto jovem e muito sorridente, que me recebeu dando-me boas-vindas. Depois de ter me levado para conhecer toda a ala, conduziu-me para o local onde eu serviria. Era um quarto com seis leitos, ocupados por garotas. Algumas vieram do hospital onde permaneceram por um período, outras eram recém-desencarnadas.

A maioria dos jovens não entendia o que estava acontecendo consigo. Inteligentes, sentiam que algo diferente lhes ocorrera, pois estavam em local desconhecido e longe de familiares.

Na ala de recuperação e nos setores dos hospitais, os internos recebem muitas visitas de familiares desencarnados. Alguns acompanham a adaptação deles. Frequentemente é necessário que desconhecidos expliquem a eles que mudaram de plano, pois eles sentem medo de ver os familiares que morreram.

A ajuda de afetos conhecidos é muito boa e dá muito resultado. São bisavós, avós, tios, amigos que, interessados, tentam auxiliá-los, e conseguem.

No Setor de Recuperação, eles dormem bastante, alimentam-se e indagam muito.

– *Por que morri?* – perguntou Isabela.

– *Só o corpo carnal é que finda, ele pára suas funções, e isso ocorre por muitos motivos. Continuamos vivos, e outra forma de viver é oferecida a nós.*

– *Foi naquele dia do acidente, não é? Lembro-me que Leo corria muito. Você sabe, Rosângela, o que aconteceu? Conte-me* – pediu a garota.

Era a terceira vez que eu contava o que havia lido em sua ficha.

– *Isabela, de fato houve o acidente. O carro se desgovernou e bateu numa árvore. Seus amigos se feriram e só você desencarnou.*

– *Não é injusto? Por que eu?*

– *Tudo tem razão de ser, Isabela. Sempre há motivos para ficarmos encarnados por muito tempo ou para desencarnarmos jovens. Um dia, você saberá. Nada é injusto, principalmente porque não acabamos com a morte do corpo físico, aqui se vive muito bem. Faça um esforço, logo estará apta a ir para a escola e a outros setores deste lugar de bênçãos.*

Isabela falava muito, ora estava indagando, ora reclamando. Como exigia atenção! Embora educada, quando acordada, falava sem parar.

– *Rosângela, por favor, venha cá! Acordei e não estou em casa! Começo a acreditar que me falam a verdade. Conte-me de novo como foi meu enterro. É verdade que Kaká chorou muito?*

– *É verdade* – respondi.

Ela logo se recuperou. Uma tia-avó, ou seja, tia do seu pai, estava sempre com ela. Transferiram-na para o alojamento e passou a frequentar a escola. Extrovertida, Isabela continuou falando muito.

Marcinha, outra garota, estava sempre chorando.

– *Que dó de mim! Sinto pena por ter desencarnado, como vocês dizem.*

– *Pois não deveria se sentir assim!* – falava, tentando animá-la. – *Você precisa se distrair. Vamos ao jardim.*

Forçava-a para ir comigo ao jardim e à Praça das Fontes. Mostrava-lhe o céu, as flores, e insistia:

– *Observe, Marcinha, esta planta!*

Olhava sem entusiasmo. E repetia:

– *Era jovem! Bonita! Estudiosa! Que pena ter morrido!*

– *Você é jovem, linda, e poderá continuar seus estudos* – falei, incentivando-a.

– *Você não entende, Rosângela, eu não queria morrer!*

– *Claro que compreendo. Eu também não!*

– *Não? Você desencarnou jovem também?* – perguntou Marcinha.

– *Você, eu e muitos outros. Não sinta a desencarnação como castigo. A mudança de plano é para todos. E já esteve aqui, no plano espiritual, porque já encarnou e desencarnou muitas vezes. Por favor, Marcinha, não queira ser infeliz quando tem tudo para ter felicidade.*

– *Não se revoltou quando veio para cá?* – indagou ela.

– *Não* – respondi –, *fui agradecida por ter tido amigos que cuidaram de mim e por ter vindo para este local maravilhoso. Se ficar só chorando e ocupando seu tempo com lamentações, terá poucas horas para desfrutar das maravilhas daqui.*

– *Isso é burrice, não é? Mas não consigo me alegrar. Ai de mim! Morri tão cedo!*

Marcinha recebia pensamentos de revolta e desespero dos familiares, principalmente da mãe. Eles não entendiam o porquê de ela ter desencarnado jovem. Sentiam muita pena por ela não ter vivido mais tempo no corpo físico, aproveitado a vida, não ter realizado os próprios sonhos. A equipe de socorristas, que trabalhava com os encarnados, foi até eles várias vezes, motivando-os a pensar diferente. Livros espíritas foram dados para a mãe. Consolaram um pouco. Marcinha demorou para sair do Setor de Recuperação, recebeu terapias especiais, ficou ali pela necessidade de dormir muitas horas por dia. O tempo é precioso remédio para os males da alma. A dor foi suavizando; os pais, atendendo a um convite de amigos, passaram a fazer um trabalho voluntário em benefício da comunidade. Isso os ajudou a compreender que muitas pessoas tinham problemas, alguns até mais doloridos do que os deles. Passaram a acreditar que a filha vivia em outro lugar e que podia ser feliz. Pensando diferente, ajudaram Marcinha, que foi vencendo o sentimento de autopiedade que sentia em relação à sua desencarnação. Sentindo-se melhor, passou a dormir menos e, logo depois, foi para a escola.

Muitos sentem autopiedade, como se a desencarnação fosse um tremendo castigo e não algo natural a todos nós. Vencer esse sentimento quase sempre requer ajuda especializada. Fomos criados para sermos felizes, e não é bom curtir tristeza.

Eu não trabalhava com enfermagem. Era uma das orientadoras do setor: ajudava, acompanhava, conversava, dava passes e orava com os jovens.

Achei que Maria José só ficaria por alguns dias na recuperação. Encarnada, esteve doente por muito tempo, sofreu resignada, aceitou a mudança de plano com maturidade e alegrou-se por estar sadia. Delicada e educada, era uma garota que a todos encantava. Mas tivemos um problema.

– *Papai, vou fazer o que me pede!* – falou alto Maria José, ficando quieta em seu leito. Em seguida começou a chorar.

– *Que foi, meu bem?* – indaguei, abraçando-a.

– *Meu pai me pede para que eu o ajude a vender a casa. Como não fazer o que ele me pede? Só que não sei como ajudá-lo. Você sabe me dizer como?*

– *Ore por ele. Daqui, só podemos ajudá-lo orando* – respondi.

Maria José começou a orar.

– *Vamos ao jardim?* – convidou-a uma amiguinha de quarto.

– *Não posso, tenho que orar. Dona Chiquinha me pediu para curá-la da dor de cabeça.*

– *Venha brincar!* – pediu outra.

– *Tenho de rezar para o meu avô receber a aposentadoria.*

Tentei orientá-la:

– *Maria José, orar é muito bom. Mas não precisa ficar o tempo todo fazendo prece. Basta dizer com fé: "Deus, ajude meu avô!". Agora, você precisa se ajudar. É isso mesmo, necessita passear, brincar e estudar para aprender muitas coisas.*

– *Mas eles me pedem, não sei negar* – argumentou.

– *Não estará negando, mas adiando. Primeiro você aprende, depois faz.*

Maria José não se convenceu. Vovó Lala e os outros orientadores resolveram dar-lhe um passe, envolvendo-a numa energia que a impediria de receber qualquer pensamento ou pedido de encarnados.

– *Engraçado, Rosângela* – disse Maria José no outro dia –, *ninguém me pediu nada hoje.*

– *Talvez porque todos estejam bem e queiram que você esteja também. Vamos passear?*

– *Vamos.*

Dois dias depois, Maria José foi tranquila para a escola.

Encarnados não devem pedir nada ao desencarnado querido, pois se ele não puder atender, se sentirá triste. O melhor é cada um fazer o que lhe cabe e, se pedir, peça a Deus, Jesus, Maria, que a equipe de trabalhadores tentará atender. Deixe seu desencarnado amado recuperar-se, adaptar-se e aprender, enfim, continuar a viver e, de preferência, feliz.

Fui à ala dos garotos. Lá, também, os jovens encaram a desencarnação de muitos modos. Alguns se revoltam, outros se prostram, há os que se acham enlouquecidos ou acham que estão sonhando. Alguns compreendem rapidamente e aceitam o fato muito bem. Estes ficam pouco tempo no setor quatro e logo estão adaptados.

– *Eu estava doente, revoltava-me com minha doença* – falou Laurinho. – *Não gostava de falar dela e a escondia dos meus amigos. Fazia coisas que não podia, sem que meus pais soubessem. Fui numa noite a uma festa, fiz tudo o que sentia vontade e não tomei os remédios. Resultado: entrei em coma e meus amigos acharam que eu estava embriagado, que podiam cuidar de mim. Depois de horas sem que eu melhorasse, dois deles resolveram me levar a um pronto-socorro. Indagados se eu tinha alguma doença, responderam com convicção: – Não, Laurinho é sadio, bebeu muito!*

Ele fez uma pausa e, depois, continuou a falar:

– *Medicaram-me com um remédio que eu não podia usar e desencarnei. Sinto-me responsável pelo meu desencarne! Fiquei meses no setor do hospital me sentindo doente. Estou muito triste, acho que nunca mais vou ser alegre. Não queria que meus pais sofressem.*

Lauro permaneceu na ala de recuperação muito tempo, tinha consciência de que fora imprudente. As doenças do corpo físico são muitas vezes um modo de nos equilibrar com as leis divinas. Tudo deve ser feito para que nos tornemos sadios.

Daniel acordou esperto. Observou tudo e exclamou:

– *Desencarnei! Nada mais de injeções! Não vou sentir dor! Vou estudar e jogar futebol. Que ótimo!*

Os companheiros de quarto, olharam-no admirados.

– *Como sabe que desencarnou?* – indagou um dos garotos.

– *Ora, doente como estava, só a desencarnação me tornaria sadio. Estou bem e sem dores. Vocês também desencarnaram?*

– *Sim. Mas como sabe tudo isso se está acordando agora?* – perguntou, pasmo, um dos meninos.

– *Aprendi quando encarnado. Sou espírita. Vovó me falou direitinho o que iria acontecer. Ela disse: "Daniel, meu neto, você irá dormir tranquilo, acordará num quarto com outros jovens, sadio e, como é inteligente, aceitará o fato e fará contente tudo o que seus novos amigos lhe aconselharem".*

– *Que bom vê-lo bem, Daniel. Seja bem-vindo no Educandário Flores de Maria* – falei, cumprimentando-o.

– *Já vou estudar?* – indagou Daniel, sorrindo.

– *Sim, irá estudar, mas primeiro conhecerá este lugar que agora será seu lar* – respondi.

– *Daniel, você queria morrer?* – perguntou Laurinho.

– *Quero viver! Na Terra ou aqui, desencarnado, não importa.*

– *De que morreu?* – um outro quis saber.

– *Desencarnei depois de passar vários meses doente. Tinha uma doença crônica nos rins. Doía bem aqui.*

Daniel levantou a camiseta e mostrou o local onde sentia dores.

– *Ai, começou a doer! O que faço?* – indagou-me.

– *Não lembre das dores por enquanto. Sua desencarnação é recente. Faz somente trinta e seis horas que seu corpo físico findou suas funções* – falei passando as mãos em suas costas.

– *Obrigado! Já não dói mais. Então é só não me lembrar. Por favor, queria experimentar um suco, um alimento daqui.*

Providenciamos, e ele alimentou-se achando tudo delicioso. Já no outro dia, Daniel foi para a escola. Era como um raio de luz a animar os amigos. Veio para a espiritualidade com conhecimento e com a compreensão espírita, que tornou tudo mais fácil e simples para ele. E seus familiares, embora sofrendo pelo seu desencarne, esforçaram-se para se consolar e, visando sua felicidade, desejaram que Daniel fosse para um local maravilhoso e estivesse bem. E assim foi.

Paulinho voltou eufórico, seu tio-avô o levara para que ditasse a um médium uma mensagem aos pais.

– *Eles acreditaram!* – disse ele me abraçando. – *Rosângela, você não sabe a alegria que eles sentiram. Escrevi tudo o que queria, eles prometeram não chorar mais e se consolar, acredito que tudo agora será mais fácil. Tiveram a certeza de que não morri ou acabei e que vivo bem no plano espiritual.*

Paulinho havia escrito pelo menos uns cinco rascunhos do que queria dizer aos pais. Márcio indagou-lhe:

– *Qual das cartas foi ditada?*

– *Acabei emocionado e notifiquei-as. Acho que foi um pouco de cada uma delas.*

Três dias depois ele foi transferido para a escola.

Os jovens indagavam bastante sobre as religiões. Eles tinham modos diferentes de encarar a morte do corpo físico. Alguns achavam que dormiriam até serem recebidos por Deus para um julgamento. Outros se julgavam no purgatório ou achavam que iriam para o Céu. Eu lhes dava atenção e explicava com carinho:

– *Deus é bondade! A morte do corpo físico não modifica muito o nosso modo de viver, isso para que não sintamos tanto a mudança, já que ficamos longe de nossos afetos. É tudo uma continuação. Aqui, trabalhamos, estudamos, temos lazer e muitos amigos. Não ficamos só dormindo, e é bom que não seja assim, porque ativos, podemos ser úteis. Somos filhos de Deus, e o Pai Amoroso permite que ajudemos um ao outro, tendo assim a oportunidade de seguir o ensinamento de Jesus, que diz: Faça ao próximo o que gostaria que lhe fizessem.*

Ainda bem que as crianças e os jovens são alegres, estão em fase de aprendizagem e aceitam com facilidade a mudança de plano. Querem saber, e quando os conhecimentos lhes chegam de forma raciocinada, compreendem, e tudo fica mais fácil para eles. Alguns sentem ter se equivocado, mas dão graças a Deus por Ele não os separar daqueles a quem amam.

19

Fiquei um ano na ala dos jovens, no Setor de Recuperação, depois fui para o hospital infantil, no setor dois. Lá, as crianças não são separadas por sexo. Há duas alas, uma para as crianças pequenas e outra para as maiores.

A parte destinada aos pequeninos é a menor. São poucas as crianças que vão para o hospital, e quando isso acontece, não permanecem ali por muito tempo. Bebês raramente vem para este setor.

Eu sabia o porquê de ter hospitais na espiritualidade, mesmo assim, indaguei ao Leandro, o orientador do setor:

– *Por que, Leandro, muitos sentem os reflexos do corpo físico a ponto de receber tratamento?*

Leandro tinha estudado medicina no plano espiritual. Nos setores de atendimento trabalhavam muitos médicos e enfermeiros. Nesse setor só serviam pessoas que, como eu, haviam trabalhado anos ali, que haviam atuado no Setor de Recuperação ou contavam com muita experiência. O orientador demorou um instante para me responder. Olhou-me, sorriu e me esclareceu:

– *Quando nos tornamos sadios espiritualmente, temos também o corpo físico são. Por herança de um passado de erros, adoecemos, e as doenças se refletem nos corpos perispiritual e material. Quando nos equilibramos com as leis divinas, podemos deixar de adoecer. Desequilibrar-se é passar pela porta larga, a do caminho dos vícios, prazeres e sentimentos vis. Quando não nos harmonizamos com o amor, a dor vem para nos conduzir ao equilíbrio. Por isso, Rosângela, existem tantas doenças e permanecemos ainda doentes. No plano espiritual, existem muitos hospitais, isso porque somos ainda imprudentes, não vivemos em conformidade com os ensinamentos de Jesus. Adoecemos quando encarnados, e quase sempre, ao desencarnar, ainda sentimos a doença. Necessitamos de socorro, orientação e evangelização. E é isso o que nossos hospitais, aqui e nos educandários, oferecem aos abrigados. Crianças e jovens, embora sejam de adaptação mais fácil, podem sentir ainda os reflexos das doenças que tiveram quando encarnados. Muitos se sentem doentes porque seus familiares pensam neles adoentados. Outros acreditam que só um tratamento os deixará curados, mas a maioria fica pouco tempo conosco.*

Fui servir na ala das crianças maiores. As enfermarias são grandes, bonitas, alegres, com muitos leitos para que os assistidos não se sintam sozinhos.

Usa-se muito a terapia do sono, principalmente para os recém-desencarnados. Uns adormecem tranquilos, outros choram dormindo, e alguns se debatem, falando agitados:

"Já vou, mamãe! Você não me perdeu! Não estou perdido! Não chore por mim, por favor! Não tive culpa!"

Eu os acalmava, transmitindo energia. Às vezes, os abraçamos e os acariciamos, falando baixinho frases carinhosas ou cantando. A voz em tom suave e o canto fazem bem a quem escuta. Eles se acalmam e dormem tranquilos.

Elizabeth, quando acordava, sempre indagava algo:

– *Não vou tomar injeções?*

– *Não, Elizabeth, você não vai tomar injeções* – eu respondia, beijando-a.

No plano espiritual não há tratamento doloroso.

– *Rosângela, estou doente porque sou má, é bem merecido!*

Pela sua ficha, soube que Elizabeth ficara muito tempo doente, sendo submetida a tratamentos dolorosos. Na sua encarnação anterior fizera alguns inimigos que a acompanharam nesta, regozijando-se com seu sofrimento. No período anterior, em que passou desencarnada, sentiu muito remorso destrutivo, que a impediu de reparar seus erros pelo amor e trabalho edificante. Sentindo-se culpada, ao reencarnar, transmitiu ao corpo físico a culpa que sentia, e assim adoeceu. Os desencarnados inimigos não se aproximaram dela, porque ela orava, e seus pais eram pessoas boas que faziam muita caridade, mas, mesmo distantes, eles tentavam lhe transmitir pensamentos maldosos, fazendo-a recordar de sua culpa. Assim, ela achava que seu sofrimento era merecido e, mesmo desencarnada, ainda pensava que deveria continuar doente.

Esse era o caso de Elizabeth. Ficamos doentes por muitas causas, não existe regra geral, contudo.

– *Elizabeth, querida, você irá se curar e...* – tentei animá-la.

– *Não vou, minha doença é incurável!* – disse me interrompendo.

– *De fato, para a doença que teve quando encarnada, ainda não há cura. Por isso, seu corpo físico morreu, foi enterrado e você, meu bem, continua viva, veio para cá, para este lugar bonito. Você precisa se esforçar para se sentir sadia. Temos aqui muitas coisas interessantes para lhe oferecer; poderá estudar, brincar e ter muitos amigos.*

– *Eu não mereço!*

– *Claro que merece! Vamos ao jardim?* – convidei-a.

– *Estou com muitas dores!*

– *Está mesmo?*

– *Acho que não! Creio que preciso tomar soro e...*

– *Não precisa!*

– *Então vou dormir* – falou a garota puxando o lençol.

Elizabeth ficou algum tempo no hospital; psicólogos cuidaram dela, até que conseguiu libertar-se da culpa que nem sabia por que sentia, pois não recordara o passado. Se o tivesse feito, seria ainda pior. Quando se sentiu melhor, foi para o Setor de Recuperação.

A maioria dos desencarnados sente-se como os pais se lembram deles. Carlinhos sentia-se frágil, respirando com dificuldade, tal qual a mãe pensava nele. Eu estava ao seu lado quando sua mãe passou a pensar diferente. Nós dois recebemos o pensamento dela:

"Dona Leonor tem razão! Meu filhinho sofreu aqui na Terra por sua doença. Morreu e não sofre mais! Ele está bem, sadio e feliz!"

Assim, Carlinhos passou a se sentir como a mãe o imaginou. Deu um pulo da cama e gritou:

– *Estou sadio! Feliz! Quero brincar de correr!*

A mãezinha dele ganhou um livro espírita de presente de uma amiga; leu, achou-o muito bonito, consolador, e não pensou mais no filho doente, passou a imaginá-lo feliz. Carlinhos foi transferido para o Setor de Recuperação, onde ficou apenas alguns dias, depois foi para o alojamento. Sadio, esperto e alegre, ele brincava muito e corria de um lado para o outro. Doente, ele não podia brincar, teve muita vontade de fazê-lo; agora, sadio, fazia tudo o que queria: nadava, jogava futebol, etc. Só foi para a escola quando quis acompanhar seus amiguinhos.

Leandro me levou para uma sala, na ala dos pequeninos.

– *Aqui, Rosângela, ficam conosco algumas crianças menores e bebês que têm um motivo especial.*

Havia cinco berços grandes, a sala em tom azul-claro, era toda enfeitada. Apenas dois berços estavam ocupados. O orientador me conduziu até os berços e explicou:

– *Este é Marcelinho, viveu encarnado um ano e três meses em um corpinho doente. Ele foi suicida na encarnação anterior, não conseguiu se perdoar e sofreu muito. Foi levado por amigos a reencarnar, recebendo, assim, a bênção do esquecimento. Mas, quando nos desequilibramos, há necessidade de nos equilibrarmos. Marcelinho sofreu com sua doença e, infelizmente, ainda se sente doente.*

Observei-o, ele dormia, respirando com dificuldade. Colocamos as mãos sobre ele e oramos. O pequerrucho se acalmou.

– *Logo Marcelinho retornará à Terra, reencarnará* – informou Leandro.

– *Será doente?* – indaguei.

– *Não quando pequeno. Mas, como se sente culpado, com certeza isso o fará adoecer quando adulto. Mas ele poderá suavizar essa doença caso se dedique a praticar o bem. O amor cobre multidões de pecados, ou seja, minimiza o carma*[6] *negativo.*

– *O que tem esta garotinha linda?* – perguntei, indo até o outro berço ocupado.

– *Desencarnou por um acidente de carro. A mãe a pegou toda machucada e só lembra dela assim. Está aqui para receber cuidados especiais, estamos isolando-a para que não receba os pensamentos de sua genitora. Quando sua mãezinha não pensar mais nela ferida, ela poderá ir para o setor infantil.*

São muitas as crianças e os jovens que desencarnam por acidentes e têm o corpo físico muito machucado. A maioria deles é levada para o Setor de Recuperação, porque lá nenhum deles se sente ferido. Só se sentem assim quando recebem os pensamentos dos entes queridos que os imaginam machucados. Normalmente, são poucos os desencarnados acidentados que permanecem nos hospitais.

6. Carma: Expressão popularizada entre os hindus, que em sânscrito quer dizer "ação", a rigor, designa "causa e efeito". Leia mais: XAVIER. Francisco Cândido. *Ação e Reação.* Ditado pelo Espírito André Luiz. 16. ed. Rio de Janeiro: FEB, 1993. Capítulo 7. (N.E.)

No setor três fica o hospital dos adolescentes, para onde fui após terminar meu aprendizado no hospital infantil. É um setor muito bonito e agradável. Os jovens indagam muito, querendo saber o que aconteceu com eles.

– *Se Deus é bom, por que me fez adoecer?* – indagou Alfredo.

– *Muitas vezes é na doença que nos harmonizamos espiritualmente* – eu disse. – *Você veio para cá após seu corpo físico ter cessado suas funções. E não é a primeira vez que isso acontece, estamos sempre estagiando lá na Terra, encarnados, e aqui no plano espiritual, desencarnados.*

– *Então essa tal de reencarnação existe mesmo?* – perguntou Alfredo.

– *Sim* – respondi –, *é a lei justa que comprova a imensa sabedoria e bondade de Deus.*

– *Isso faz sentido!* – exclamou Marina. – *Desencarnei ainda jovem, estive doente, e isso aconteceu certamente pelo que fiz de errado nas minhas outras encarnações. Não é assim?*

– *Seria imprudência minha afirmar isso. Cada um de nós tem uma história de erros e acertos. São tantos os motivos para que isso ocorra...*

– *Rosângela, o que farei agora? O que farão comigo? Tenho medo! É melhor ficar doente. Eu não fui tão boazinha quando encarnada. Respondia grosseiramente para minha mãe, fazia algumas coisas escondido, mentia e...* – queixou-se Gorete.

– *Pode parar de se culpar! Você nunca se desculpou com sua mãe ou a beijou?* – indaguei-lhe.

– *Ah, sim! Como é gostoso beijar e ser beijada pela nossa mãezinha!*

– É nisto que deve pensar – aconselhei. – *Você não ficou doente por isso, os motivos que enumera são acontecimentos corriqueiros, deveriam ser evitados, mas não são faltas graves. O universo é regido pelas leis divinas. Nosso planeta Terra também segue as leis que determinam que vivamos períodos encarnados e outros desencarnados.*

– Estou com o mesmo medo de Gorete. Acho que não sei viver aqui. Até agora estou sendo bem cuidado, porque ainda estou doente. Mas, se melhorar, o que irei fazer? O que irá acontecer comigo? – perguntou Marcinho preocupado.

– Pois tratem de se curar e verão como é maravilhoso viver aqui. Terão oportunidade de estudar, passear, praticar esportes, ir a teatros e participar do coral que os encantou durante a visita de ontem. Não tenham medo! Vamos à Praça da Fonte!

Melhor do que responder era mostrar como se vive no educandário. Muitos jovens ficavam no hospital por medo. Às vezes, achavam que pecaram por não ter ido a cultos ou por ter cometido pequenos deslizes, como a Gorete. Eles temiam os castigos. Alguns necessitavam até de tratamento especializado para entender que não sofreriam punições. Ao ver como era o dia a dia nesse local de bênçãos, não tinham mais receio nem as dores que sentiam quando encarnados.

– Vi o acidente, foi minha culpa, fui imprudente. É justo que sinta dores, estou fazendo meus pais sofrerem – lamentou-se Joel.

– Você premeditou? Quis que ocorresse o acidente? – perguntei.

– Não! Errei pegando escondido o carro do papai, mas não quis bater.

– Você errou, já foi desculpado; seus pais o amam e querem que você, Joel, esteja bem. Obedeça! O acidente já aconteceu, não há como reverter a situação. Agora é ter bom ânimo e aceitar a mudança de plano.

– Sentir culpa é terrível! Não vou me curar! Quero sentir dores nas pernas!

Aos jovens que se sentem assim, culpados, nós dispensamos bastante carinho, e muitos também recebem o auxílio de psicólogos, até que entendam que não devem se punir.

– Rosângela, você desencarnou jovem? Ficou doente? Aceitou esse fato? – Virgínia me perguntou.

– Meu corpo físico ficou doente, desencarnei jovem, encarei bem esse fato e sou feliz. E se você se esforçar e aceitar essa mudança de plano, será como eu e muitos jovens que aqui estão bem.

Crianças e jovens, normalmente, não são muito apegados às coisas, ainda não enraizaram o "ter". A adolescência é um período no corpo físico em que, quase sempre, os jovens gostam de aventuras e de novidades; quando voltam à espiritualidade, adaptam-se mais facilmente e não ficam muito tempo nos hospitais. Não se sentem mais doentes nem machucados. A não ser os que se revoltam e teimam em não aceitar o fato, dificultando a própria melhora. A estes damos maior atenção e tratamento especiais.

No setor três há uma ala para os jovens que tiveram deficiência física e que ainda sentem estar com elas.

– Será mesmo que posso andar? – perguntou Guilherme, duvidando.

– *Claro que pode! Venha, seguro você. Ande!* – incentivei-o.

– *Não posso! Não consigo! Vou cair!*

– *Não vai! Observe de novo suas pernas. Não estão sadias?*

– *Estão! Vou tentar!*

Foram muitas tentativas, e quando ele conseguiu, chorou de alegria e agradeceu a Deus.

– *Nasci cega, comecei a enxergar. É maravilhoso ver as pessoas, as flores, o céu! Estou contente por isso, mas também triste por não morar mais na Terra. Nada é perfeito!*

– *Neuzinha, meu bem, tudo é perfeito! Quando se acostumar aqui, verá que não existe lugar melhor para se viver.*

Algumas crianças e jovens que, quando encarnados, foram deficientes físicos, ao desencarnar, já acordam sadios no Setor de Recuperação, outros passam pelo hospital, mas, normalmente, logo se sentem sadios.

No setor dois, onde fica o hospital infantil, na parte de trás, temos alas que abrigam os jovens que, quando encarnados, foram deficientes mentais. Nossa colônia é grande como o educandário; porém, em outras moradas espirituais, não existe essa separação. No Flores de Maria, esses espíritos recebem tratamentos especiais para que não sintam mais o reflexo do corpo físico.

Muitos que foram deficientes mentais, ao desencarnar, sentem-se normais, e vão direto para o Setor de Recuperação. Os que ainda sentem estar doentes são trazidos para essas alas especiais e só vão para as outras partes do educandário, ou para a escola, quando conseguem se libertar do reflexo da deficiência.

– *Há os que não conseguem se acostumar aqui?* – indaguei ao Leandro.

– *Quando por algum motivo, normalmente imposto por eles mesmos, não se livram da deficiência do corpo físico, são levados para o Departamento Reencarnatório, onde todos os casos são estudados com amor, e quase sempre acabam por reencarnar.*

– *O deficiente também?* – perguntei.

– *Como eu disse, todos são analisados com atenção, visando sempre o que é melhor para o espírito. Há os que voltam novamente com deficiência, normalmente mais branda.*

– *Sei, é como parcelar uma dívida grande em prestações* – falei.

Leandro sorriu e me esclareceu:

– *Às vezes, Rosângela, para recuperar um espírito que sente tanto o reflexo da doença, necessitamos fazê-lo voltar à aparência anterior, quando foi sadio, ele, porém, lembrará de seus atos errados e, se estiver despreparado, poderá sentir um remorso destrutivo. Você acertou falando em prestações. Podemos ter errado tanto que não nos é possível pagar a dívida em uma só encarnação. O melhor seria reparar, fazendo o bem.*

Aqui, o tratamento ministrado é todo especial, com muito carinho, atenção e alegria. Tudo é feito para que esses espíritos se recuperem. Houve motivos que os levaram à desencarnação, e eles também têm de se recuperar dos reflexos das doenças ou dos ferimentos causados por acidentes; estes, porém, são mais fáceis de ser superados. Anos vivendo num corpo com o cérebro doente requer maior esforço. Tínhamos ali, abrigados, desencarnados que deixaram o corpo físico em diversas idades. Muitos, idosos.

Mas respeitávamos o sentimento deles, eram tratados tal como se sentiam, crianças ou jovens.

Foi muito bom para mim esse período. Cuidar deles, saber suas histórias, me fez compreender ainda mais quanto devemos ser agradecidos por reencarnar e ter sempre a oportunidade de recomeçar.

Os abrigados daquele cantinho de amor, quando são recém-chegados, dormem muito, depois necessitam ficar despertos para receber melhor o tratamento e as orientações. Eles se apegam muito aos que cuidam deles. Recebem visitas de encarnados e também são levados para ver os familiares.

Ao não sentir mais o reflexo da deficiência mental, alguns vão para a escola, no educandário; outros, que desencarnaram num corpo adulto, vão para a colônia, porque não se sentem mais crianças ou jovens.

Nesta ala há piscinas, quadras de jogos e salas de aula. Os autistas e alguns deficientes que são metódicos, são reeducados ali, e, no começo, tudo é feito para agradá-los.

Fiz amizade com Maria Isabel, que foi autista. Conversava com ela, indagava sobre tudo, até que um dia respondeu-me, falando por minutos, foi uma alegria.

Enquanto esses espíritos permanecem no hospital, não recordam seu passado, mas há alguns que não o esqueceram totalmente ou o recordam espontaneamente. A melhor terapia é ouvi-los e fazê-los compreender que o importante para nós é o momento presente.

Tínhamos uma bandinha em que todos tocavam vários instrumentos musicais e participavam de um coral. A lei era alegria e festa todos os dias. Comemorávamos aniversários na mesma data do nosso nascimento no plano físico, lições aprendidas, despedidas dos amigos que iam para outros setores, etc.

E cada recuperação era uma vitória dos dedicados trabalhadores daquela ala. Amei-os!

20

O período programado para servir ao educandário terminou como também o curso que eu fazia na colônia. Estudo de que gostei e durante o qual aprendi bastante e fiz muitos amigos. Leandro veio conversar comigo e me convidou:

– *Rosângela, você quer trabalhar na segunda parte do Flores de Maria?*

Só quando vim servir nos hospitais é que tive conhecimento desta segunda parte. Não que fosse escondida, mas não soube dela porque não tinha me interessado. Essa área do educandário tem comunicação com o setor um, situa-se nos fundos do pavilhão dois e em parte do um e do três. Sabia que seus servidores eram treinados e tinham seu cantinho lá.

Aqueles que adquiriam experiência eram escolhidos por vovó Lala, por isso me emocionei. Leandro esperou que eu me recompusesse da surpresa, depois falou:

– O convite é para que você complete seus conhecimentos sobre o educandário. Trabalhará por dois anos, vai morar lá e não poderá ter outra atividade nem estudar.

Aceitei contente. Dei a notícia a todos os meus amigos e ansiei por contar ao Fernando, que se regozijou comigo:

– Fico feliz por você, Rosângela. Será uma experiência maravilhosa.

Nessa época, minhas avós e meus avôs já haviam desencarnado. Todos moravam na colônia e nos víamos sempre. Meus avozinhos queridos queriam que eu fosse morar com eles; desculpei-me e não fui. Gostava muito do meu alojamento no setor sete, ali me sentia útil junto às novatas, animando-as e transmitindo segurança a elas. Agora ia deixá-las, mas não o fiz com tristeza. Enquanto arrumava meus pertences, lembrei-me dos anos que passara ali. Tantas alegrias! Mas não pude recordar muito, pois as meninas queriam saber para onde eu estava indo e o que ia fazer. As despedidas, aqui, normalmente são alegres, com votos de êxito e muito carinho.

Vovó Lala me levou para a segunda parte do Flores de Maria e apresentou um casal:

– Rosângela, este é Moacir e esta é Moranguinho, ou seja, Marilda.

Marilda me abraçou, dando-me boas-vindas, e explicou-me alegre:

– Aqui só me chamam de Moranguinho, um apelido que recebi por apreciar muito essa fruta.

– É porque ela é doce e linda como um morango! – expressou-se Moacir, sorrindo. *– Seja bem-vinda entre nós, Rosângela!*

Moranguinho me levou ao alojamento. Meu quarto era pequeno, com uma poltrona, escrivaninha e um mini-armário. Nessa época eu não dormia nem me alimentava mais. Aquele local, só nosso, servia para que tivéssemos um cantinho particular para passar algumas horas livres, onde pudéssemos escrever, ler, meditar e receber visitas.

Essa segunda parte é grande e comprida. Tem só um portão, que se comunica com o primeiro setor. Perto da entrada estão os gabinetes, ou salas particulares dos servidores, depois o hospital, a ala de recuperação e, em seguida, os alojamentos dos internos, a escola, a biblioteca, as salas de vídeo, os pátios, as quadras de esporte e tudo o que crianças e jovens gostam.

Quando encarnada, ouvi falar de casos de desencarnes violentos de crianças e jovens. No bairro em que morava, comentou-se muito sobre o caso de um avô que estuprou e matou a neta de seis anos. Na época, esse fato me chocou e orei bastante por ela.

Se os encarnados sensíveis se chocam com a violência, os desencarnados têm piedade, só que esta se transforma em bênçãos de auxílio, revertendo-se aos necessitados.

Na segunda parte eram abrigados os que se sentiam traumatizados pela desencarnação violenta. Repito, sentiam, porque muitos dos que desencarnam vítimas da maldade de alguém e não ficam traumatizados vão para os hospitais nos setores dois e três.

Crianças pequenas não falam muito de qual doença ou porque desencarnaram, mas as maiores e os jovens comentam demais. Em alguns educandários espalhados pelo mundo não há separação, só nos maiores ela existe, para que os desencarnados recebam tratamentos especiais. Os que se sentem traumatizados quase sempre se envergonham e não se sentem bem perto de quem não desencarnou de forma violenta. Por exemplo: alguns têm pai ou mãe que os mataram, enquanto outros sentem seus pais se desesperarem por sua falta. Essa separação é temporária. Embora não seja igual para todos, pois cada um reage de um modo, os internos passam ali o período de que necessitam. Conversam muito e compreendem que não foi só com eles que ocorreu um fato violento.

Moacir e Moranguinho me apresentaram aos outros servidores. Gostei muito de todos, eram alegres e carinhosos.

Fui com Moranguinho para o hospital. A permanência dos internos ali era sempre por pouco tempo. Infelizmente, se os familiares pensavam neles com ferimentos, eles se sentiam como se estivessem com dores, necessitando de nossa ajuda.

Eles têm necessidade de falar sobre o que lhes aconteceu e o fazem, assim deve ser. Não é bom que esqueçam no momento, pois como passaram por uma dificuldade, precisam entendê-la, superá-la, aceitar o fato e perdoar. Podem até recordar o passado, os acontecimentos de outras encarnações, para entender o porquê do sofrimento.

O caso mais preocupante para nós, servidores, era o de Geraldo, um garoto de quinze anos, que fora torturado até que seu corpo físico findou suas funções. Ele não conversava muito e insistíamos para que ele falasse:

– *E aí, Geraldo, acordou melhor?* – perguntei.

– *Não tenho dores, mas sonhei com os cigarros me queimando.*

– Geraldo, vamos conversar um pouquinho. Conte-me o que lhe aconteceu – pedi.

– De novo? Está bem! Eu sou culpado! Assassinei dois jovens da quadrilha rival, matei-os com tiros. Não sou mau. Arrependi-me, não queria matá-los, mas era eu ou eles. Sabia que estava jurado de morte, mas não adiantou esconder-me. Eles me acharam e me torturaram até que morri. Sei que estou aqui porque me arrependi e os perdoei. Mas sou culpado e devo sofrer!

– Não resolverá seu problema sofrendo. Não deixe o remorso impedi-lo de participar da vida ativa aqui. Se você se esforçar, poderá estudar, ir para a escola, como deseja, ser útil em muitas tarefas, praticar esportes e se reeducar.

Ele até que tentava, mas logo estava se queixando de dores e se lamentando. Geraldo ficou meses no hospital. Um dia perguntei para Moacir:

– Se Geraldo, com quinze anos, não tivesse se arrependido ou perdoado, o que aconteceria com ele?

– Certamente se enturmaria com grupos de espíritos no umbral. Ele desencarnou jovem, mas trata-se de um espírito milenar.

– Pensei que jovens não iam para o umbral – falei.

– São poucos os que vão – esclareceu Moacir. *– Lembro a você que todos nós temos o livre-arbítrio respeitado, e, normalmente, os jovens já sabem o que querem. Alguns, ao desencarnar, até recusam nosso auxílio. Encontram afins e gostam de estar entre os imprudentes moradores da zona umbralina. Mas se ocorrer de os espíritos vingadores pegarem um deles, aprisionando-os, e eles solicitarem ajuda, serão auxiliados e trazidos para cá ou levados para outros locais de socorro.*

Maria Clara era uma garotinha muito bonita e desencarnara pela violência do pai, que voltou para casa drogado e foi agredir a mãe; ela se colocou entre eles para defendê-la. Seu pai a surrou, bateu sua cabeça na parede, causando traumatismo craniano. Maria Clara foi hospitalizada, mas seu corpo físico não resistiu e morreu. O pai não foi preso por ser homem de posses, pagou para evitar maiores investigações, e disseram que ela caíra da escada. Maria Clara estava se esforçando para perdoar o pai, sentia por ele não ter se importado com seu desencarne e não ter se arrependido. A mágoa a fazia recordar de tudo, inclusive das dores.

– *Perdoe, Maria Clara! É preferível receber uma maldade do que fazer* – pedi.

– *Essa frase está na oração de São Francisco de Assis. Eu achava essa prece linda! Estou vendo agora que fazer o que ela nos recomenda é difícil. Não queria ter praticado maldade, mas também não queria ter recebido!*

– *Esforce-se para melhorar, Maria Clara.*

– *Ele vai pagar por tudo o que me fez, não vai?*

– *Somos donos dos nossos atos, o que ele lhe fez foi uma má ação, e a vida lhe dará a reação* – respondi.

Ela também demorou um pouco para melhorar, foram muitas conversas, até que perdoou o pai e não se revoltou mais.

Marli tinha medo de tudo e tremia quando Moranguinho se aproximava dela. Aceitou-me, talvez pela minha aparência de garota, mais menina do que adolescente. Teve um período sofrido quando encarnada. Um pai que não se importou com ela e uma madrasta que a castigava.

– Rosângela, dona Célia acha que tenho asas, eu desejo uma. Você não me dá? Por favor! – pediu.

– Marlizinha, asas só vão atrapalhá-la. Como ficar de roupas com elas? Irão incomodá-la para dormir.

– Não faz mal, eu as quero!

Em resposta, apenas sorri. Não costumamos prometer algo impossível, e ela, que desencarnou aos nove anos, compreenderia aos poucos.

Acordava apavorada e indagava aflita:

– Fiz xixi na cama?

– Não, meu bem, você não fez, apalpe os lençóis. Você está sequinha. Não vai mais fazer xixi na cama.

– Você promete?

– Prometo – respondi.

E cumpria. Antes de Marli acordar, se ela houvesse plasmado a cama molhada, eu a secava. Às vezes ela se lembrava de algum fato, e em seu corpo apareciam hematomas, sinais de espancamento. Eu precisava conversar baixinho com ela, dando-lhe passes, fazendo os vergões sumirem.

– Estou com frio! Muito frio! Veja, Rosângela, estou tremendo!

Abraçava-a, acalentando.

– Marli, o frio já passou. Aqui está quentinho.

Não poderíamos simplesmente fazê-la esquecer os maus-tratos, Marli precisava superá-los. Passei a cuidar dela, pois continuava com medo dos adultos e querendo ter asas.

– Dona Célia era nossa vizinha, uma senhora muito bondosa que me dava comida, ajudou-me bastante. Quando fiquei na chuva, molhada e com frio, foi ela quem me secou e,

vendo que eu estava com febre, levou-me para o hospital. Ela ora por mim, acha que estou no Céu e que tenho asas. Não estou no Céu?

– *Aqui é um lugar lindo, maravilhoso e...*

– *Então estou no Céu e quero minhas asas* – falou Marli, me interrompendo.

– *Vamos lá no pátio, Marli* – convidei-a.

Levei-a para ver a meninada aprendendo a volitar.

– *Aqui voamos assim, chamamos de volitação* – expliquei. – *Lá na Terra, ninguém faz isso. Como nós, desencarnados, podemos nos locomover volitando, os encarnados começaram a achar que pessoas boas, quando morriam, principalmente crianças, ganhavam asas. Mas não necessitamos delas para voar. Você logo irá aprender. Vou segurá-la e volitar com você.*

Abracei-a e volitei com ela pelo pátio, devagar e baixinho. Marli gostou, compreendeu que não precisava de asas e parou de pedi-las.

Comecei a levá-la ao refeitório para se alimentar.

– *Você tem certeza de que posso comer tudo isso?*

Ela sempre fazia perguntas assim quando recebia algo de nós.

Um dia, esbarrou na bandeja e derrubou-a. Correu para um canto chorando e pedindo:

– *Não me bata! Não fiz de propósito!*

Não consegui chegar perto dela. Não adiantou falar que não íamos surrá-la. Peguei tudo, limpei, esbarrei de propósito numa cadeira e a derrubei, mostrando a ela que acidentes acontecem. Trouxe outra bandeja. Marli continuava a chorar desesperada e com medo. Eu sabia que não podia acalmá-la com passe. Ela necessitava entender que nem todas as pessoas são violentas e que o carinho existe. Deixamo-la sozinha. Fiquei a observá-la. Ela se sentiu molhada como se tivesse urinado. Eu lhe trouxe roupas secas e um pano para secar o chão e saí novamente. Ela trocou de roupa, limpou o piso e foi se alimentar.

Após algum tempo, Marli não sentia mais frio nem os vergões e, por isso, foi transferida para a ala de recuperação e passou a ter aula sozinha, pois nunca tinha ido à escola. Quando ganhou cadernos e livros, dormiu com eles.

– *São meus, ganhei-os, não quero que ninguém os pegue.*

Marli nunca tivera nada; tudo o que ganhava a madrasta tomava e dava para os próprios filhos. Aos poucos, foi compreendendo que o que era dela ninguém pegaria. Participar do coral foi a melhor terapia para ela. Ficou quase dois anos na segunda parte e, finalmente, chegou o momento de ser transferida para a escola no educandário.

– *Marli, por que desencarnou? Quem são seus pais? Como viveu encarnada?* – sabatinei-a, novamente.

– *Desencarnei aos nove anos por doença. Meus pais são separados. Minha mãe viajou, deixando-me com papai, que se casou com outra mulher que tinha dois filhos. Minha madrasta não gostava de mim. Eu fazia quase todo o trabalho de casa, não fui à escola, e meu pai não se importava comigo. Eu estava sempre fazendo xixi na cama, e isso era motivo para muitas surras. Num dia muito frio e chuvoso, minha madrasta me pegou de manhã e me pôs para fora de casa, eu estava molhada. Fiquei com vergonha, escondi-me entre as folhagens. Senti muito frio. Horas depois, quando vi dona Célia chegando em casa, corri para lá. Ela, vendo que eu estava febril, levou-me para o hospital. Tive pneumonia e desencarnei. Não tenho mágoa de ninguém. Perdoei a todos! Quero estudar para ser professora!*

Como último teste, fiz com que ela derrubasse a bandeja com bolo, sem que ela percebesse minha interferência. Ela, tranquilamente, limpou tudo.

Na despedida de Marli, fizemos uma festinha. O coral se apresentou. Ela, toda contente, cantou com entusiasmo. Viu-me lá do palco e mandou-me um beijo. Disfarçadamente, enxuguei algumas lágrimas.

Por mim não deixaria meu trabalho no hospital. Moacir, porém, deu-me a incumbência de lecionar para as crianças.

As aulas eram de instrução sobre assuntos gerais e sobre o *Evangelho*. Era como uma terapia em grupo. Eu ensinava matemática, quando um deles lembrou-se de algo. Era permitido a todos falar o que quisessem, tínhamos só algumas normas: era proibido fazer fofocas ou discutir sobre assuntos banais.

– *Vovó me dizia que a matemática, na vida, é maravilhosa. Ela nos ensinava que devemos diminuir as aflições dos outros, somar os afetos, multiplicar as boas ações e dividir o que temos* – falou João Pedro.

– *Sua avó é sábia!* – exclamei.

– *Sábia e boa* – repetiu João Pedro. – *Foi ela quem me criou, não conheci meu pai, e minha mãe nunca ligou para mim! Só às vezes vinha nos visitar e ainda tirava dinheiro de minha avó. Mamãe me enganou. Veio em casa quando minha avó não estava e me convidou para um passeio. Disse-lhe que não poderia ir, porque vovó estava trabalhando. Ela me falou que deixaria um bilhete, avisando-a, e que voltaríamos logo. Levou-me de carro, e como eu gostava de passear, fui contente. Fomos a um casarão onde me tiraram sangue. Para que não chorasse, minha mãe me disse que estavam fazendo aquilo para saber se eu podia ir ao parque. Depois dormi e acordei aqui. Mamãe me vendeu, não deixou bilhete para vovó, que até hoje me procura, ora pensando que fugi, ora que me raptaram. Minha vovozinha sofre muito. Minha mãe recebeu dinheiro de traficantes de órgãos.*

Escutamos João Pedro e o consolamos. Ele ouviu os amigos, suspirou e comentou:

– *Recordei-me de atos errados que cometi em outras encarnações. Fui um traficante de escravos e fiz muito mal a eles. Acho que ainda tenho muito o que sofrer! Perdoei mamãe, mas sinto por vovó sofrer tanto! Moranguinho me falou que ela logo virá para o plano espiritual. Por isso me esforço, pois quando ela chegar, quero estar bem, abraçá-la e lhe dar milhões de beijos.*

– *João Pedro, lembro a você que já estudamos que podemos reparar nossos erros com acertos, fazendo o bem* – esclareci.

Muitos internos da segunda parte do educandário recebiam ajuda para recordar fatos do seu passado a fim de compreender e aceitar sem revolta os desencarnes traumatizantes. João Pedro narrou o que de fato acontecera com ele e, o pior, que a mãe não se arrependeu e desfrutou do dinheiro com prazeres. Com aceitação, o trauma foi sendo superado, assim como no caso de Mônica, uma garota que foi estuprada e assassinada e que logo iria para outra parte do educandário.

Mônica comentava com maturidade seu desencarne. Quando indagada, respondia calmamente:

– Desencarnei assassinada! Já perdoei os criminosos!

Ela se lembrava do fato sem chorar nem se emocionar. Estava apta a conviver com as outras crianças.

Dei aulas também aos jovens. Estes, talvez por entenderem mais os acontecimentos, precisavam se esforçar para não se revoltar e poder perdoar.

– Morrer é muito estranho! Não deveriam nos ensinar errado! Estou revoltado! Deus não é bom! Ele permitiu que eu tivesse um desencarne horrível – reclamou Mateus.

– Não fale assim! Se você está aqui, deve agradecer. Poderia estar sofrendo muito – repreendeu Maria Inês.

– É que você não sabe a morte que tive. Morri queimado! E foi por um incêndio criminoso. Para matar meu pai, bandidos queimaram nosso barraco.

Mateus só deixou de ficar revoltado quando recordou seu passado, os fatos que ocorreram na sua encarnação anterior. Compreendeu que teve a reação de ação má. As lembranças o deixaram triste. Tivemos de fazer de tudo para lhe dar alegria e foi pela música e pelo canto que voltou a sorrir e a ter esperança.

– É chato o que ocorreu comigo – queixou-se Zezinho. *– Todos pensam que eu me matei. Meus pais sofrem e não me perdoam, julgam que estou no Inferno. O que ocorreu é que descobri algo sério sobre uma pessoa que se achava importante e, com medo que eu falasse, ele me matou de tal modo que todos pensam que me suicidei.*

– Antes ser assassinado do que ser assassino ou suicida! – opinou Maria Inês.

– Sei disso! Estou aqui, num lugar de paz, e Deus sabe o que aconteceu! – exclamou Zezinho.

Era uma vitória quando eles recebiam permissão para ir a outra parte. Sinal de que estavam e sentiam-se bem.

Mas muitos deles não queriam ir.

– Prefiro ficar aqui! Não quero escutar os outros dizendo: "Mamãe chora muito por mim! Sinto saudade de casa! Meu lar era lindo! Tinha família!" – expressou-se Didinho.

Didinho não fora registrado e desde nenê foi chamado assim. Abandonado ainda pequeno, viveu nas ruas e foi assassinado de forma cruel. No local onde dormia naquela noite, estavam outros meninos que traficavam drogas e foram assassinados. Ele sofreu a mesma violência só porque presenciou os crimes. Didinho desenhava muito, estava sempre a colorir a família que idealizava: pai, mãe, irmãos, avós e dizia sempre:

– Quero ter uma família! Serei um ótimo filho, obediente e prestativo. Quero dar valor a um lar como a maior bênção de Deus. Vou amá-los muito!

Não quis sair da segunda parte do educandário. Ali, estudou e ajudou bastante os novatos. Recebeu a bênção da reencarnação e desta vez teria uma família estruturada, que o receberia com amor.

Tínhamos um coral do qual todos participavam; excursionávamos, íamos a postos de socorro localizados no umbral, a outras colônias e a vários lugares da Terra. Os internos recebiam visitas e também eram levados a visitar seus ex-lares terrestres para ver amigos e parentes.

Dediquei-me tanto a esse trabalho, que raramente descansava ou saía dali. E dois anos se passaram, rapidamente...

21

— *Não quer mesmo ficar conosco, Rosângela?* – Moacir insistiu comigo.

– *Foi muito bom para mim estar aqui, com vocês. Mas quero estudar, conhecer outras formas de viver desencarnada.*

Fizeram uma festa na minha despedida. As festas ali eram alegres, com muito canto, música e dança. Recebi muitos presentes: desenhos, flores, abraços e beijos.

Deixei Flores de Maria com lágrimas de emoção e gratidão.

Vovó Lala me surpreendeu quando eu ia saindo:

– *Rosângela, querida, venha aqui um momento.*

Ao entrar em sua sala, vi muitos amigos. Lourdes me abraçou, dando-me um ramalhete de flores. Fernando deu-me um abraço, e vovó Lala me fez chorar de felicidade ao dizer:

– Rosângela, minha menina, receba de nós, de seus amigos, o título de Moradora da Colônia.

Palmas. Sorri entre lágrimas e recebi os abraços.

Fernando e Lourdes me acompanharam à colônia. Fomos andando pela avenida arborizada. Ali passara tantas vezes. Lembrei-me da primeira vez em que Lourdes e eu fomos ouvir o coral.

– Fico tão feliz por você, Rô. O título foi merecido! – exclamou Lourdes.

– Você também já o recebeu, Lourdes – falei.

– E eu ainda irei ter o meu! – disse Fernando. – *Estou me esforçando para isso. Quando chegamos aqui somos socorridos, abrigados e até hospedados. Quando nos tornamos aptos, somos servidores, trabalhadores. Moradores são os que amam, que aprenderam a ser úteis pelo simples fato de compreender que a Terra é a nossa casa; o cosmo, nosso lar, e que, por compreensão, fazemos parte do Todo.*

O período em que passei no Flores de Maria foi muito importante para mim, para minha educação, e sou profundamente grata pelo muito que recebi. Fui residir com meus avós e meu pai na colônia. Nossa casa era linda, com jardinzinho florido e quartos individuais.

Meus avós desencarnaram enquanto eu estava no educandário. Pude, a exemplo da tia Ana Elisa, acompanhá-los, auxiliando na adaptação deles, utilizando minhas horas de folga e algumas licenças. Foi muito bom poder fazer isso.

Papai ficou doente, desencarnou tranquilo, e nosso reencontro foi emocionante.

Todos eles já trabalhavam e eram úteis ao local que os recebera com tanto carinho.

Tia Ana Elisa havia reencarnado anos antes. Fizemos uma festa na sua despedida, motivando-a em sua nova tarefa no corpo físico. Fez planos para ser professora, casar e ter filhos. Reencarnou alegre, como sempre foi.

Fiz cursos para conhecer o plano espiritual. Embora estivesse desencarnada havia anos, saíra pouco do educandário. Foi emocionante conhecer toda a espiritualidade. Concluí que há trabalho para todos os gostos e que temos muito o que fazer, basta querer servir.

Embora entendendo que o umbral é a moradia provisória dos imprudentes, não gostei de lá, entristeci-me ao ver tantos sofrerem com o desencarne.

Acabei o curso, que foi muito proveitoso para mim.

Realizando meu sonho, fui completar meus conhecimentos numa colônia de estudo, e depois em A Casa do Escritor.[7]

Fui estudar para aprender a escrever, pois não deixei neste tempo todo de grafar tudo o que se passava comigo e de fazer histórias. Amo a literatura!

Despedir-me de Lourdes quando ela resolveu reencarnar foi comovente. Iria, minha amiga, voltar à Terra com muitos planos, com vontade de realizar seu desejo: ser médica pediatra.

– *Será que não irá dançar mais?* – perguntei.

– *Acho que vou, mas será a Medicina que abraçarei, e por ela quero ser útil* – respondeu Lourdes.

Não duvidei. Esse espírito amigo é determinado, bondoso, e o plano físico realmente necessita de pessoas assim.

7. No livro *A Casa do Escritor* (São Paulo: Petit Editora), Patrícia descreve muito bem as colônias de estudo. (Nota da Autora Espiritual)

Fernando e eu continuamos a nos ver. Ele trabalha no Departamento da Reencarnação, realizando seu sonho e servindo com dedicação. Conversamos sempre que podemos. Sempre fala com entusiasmo sobre os programas reencarnatórios que faz. Também já recebeu o título de Morador. É uma excelente pessoa, um amigo querido.

Pedi-lhe que me falasse um pouquinho do Flores de Maria. Não se fez de rogado.

– *Flores de Maria foi o meu lar, amei-o como tal. Com a oportunidade oferecida, passei a gostar de trabalhar, ser útil. Pequenino, aprendi a ser organizado, ter disciplina e realizar tarefas. Cuidei de outros para compreender o que era a convivência. Maiorzinho, ajudei os menores, brincando com eles e ensinando-os. Meninos têm muito o que fazer no educandário. Esse convívio de auxílio mútuo desenvolve em nós, seres humanos, o sentimento de solidariedade, que a cultura social julga ser mais da mulher, e, no entanto, é de todos nós. Lá, dei aulas de reforço, ensinei vôlei e servi por dois anos na ala de recuperação, trabalhando com crianças que demoraram mais para se adaptar. Hoje, Rô, posso dizer que sou outra pessoa. Mas só poderei afirmar se realmente assimilei tudo o que aprendi, passando pela prova da reencarnação; é lá, no plano físico, que terei a confirmação.*

Quando mamãe desencarnou, foi levada para a ala de recuperação do hospital da colônia. Esperei ansiosa para poder visitá-la. É recomendável que o recém-desencarnado não tenha muitos conhecimentos dessa mudança de plano, que acorde entre pessoas que não conhece e receba informações de sua nova situação, para depois rever seus entes queridos.

Fui vê-la à noite. Mamãe estava deitada, entrei devagar no quarto. Ficamos nos olhando até que corri para seus braços. Que emoção indescritível!

– *Meu amor! Filhinha!*

– *Mamãe! Mamãezinha!*

Não conseguimos falar mais nada. Depois de muitos abraços, minha mãe pediu:

– *Rosângela, a enfermeira Débora me disse que hoje é noite de Lua cheia. Leve-me até a janela para vê-la.*

A cama tinha rodinhas, empurrei-a para perto da janela, que abri. Emocionadas, nós duas olhamos para o céu.

– *Sempre, minha filha, nesses anos todos, ao ver a Lua cheia lhe mandava beijos, agora quero a retribuição.*

Beijei-a. Foram tantos beijos que a fizeram rir.

– *Eu a amo, mamãe!*

Fui acariciando-a, e ela adormeceu feliz em meus braços. Olhei para a Lua cheia, fiquei tão contente, que lhe mandei um beijo.

Ao narrar essas recordações, fiz muitas vezes uma pausa para enxugar algumas lágrimas de emoção e gratidão. Este livro foi escrito com dois objetivos: o primeiro, de informar; o segundo, de consolar.

Pais, vocês que amam seus filhos e tiveram um deles ausente de seus lares pela desencarnação, lembro-os de que não os perderam. Uma vez querido, sempre amado. E esse sentimento, lindo e puro que é o amor, só aumenta, independentemente da distância. A vida sempre nos oferece o reencontro.

Sei o tanto que se sofre com a desencarnação. Deus não separa aqueles que se querem bem. Nada se acaba, sempre estamos vivos, e esse amor paternal é como a luz que ilumina sempre. Compreender esse fato, simples e natural, e aceitá-lo, ajuda os que vão primeiro para a espiritualidade. Ficamos alegres quando nos sentimos consolados.

A vida continua no plano espiritual, sem saltos ou muitas diferenças, isso pela bondade do Nosso Criador. E devemos entender que passamos períodos encarnados e outros desencarnados, e todos eles são bons e proveitosos.

Não se desesperem, pais, não chorem pelos seus filhinhos, e se chorarem que seja aquele pranto em que as lágrimas lavem a alma, purificando os sentimentos. E, acreditem, aqui, as crianças e os jovens são flores tratadas com o carinho e o amor que merecem.

Não deixem a palavra "se" atormentá-los. Repito aqui uma frase, famosa pelo seu imenso conteúdo: "Nada é por acaso".

E a vocês, especialmente a vocês, mãezinhas, paizinhos, que tiveram um filhinho, uma garotinha, filhos do coração, desencarnados, continuem ajudando-os, enviando seu amor e incentivo para que eles possam se adaptar e ser felizes como vocês desejam. Meu abraço!

Fim

Ao terminar a leitura deste livro, talvez você tenha ficado com algumas dúvidas e perguntas a fazer, o que é um bom sinal. Sinal de que está em busca de explicações para a vida. Todas as respostas que você precisa estão nas Obras Básicas de Allan Kardec.

Violetas na Janela
Ditado pelo Espírito
Patrícia
Psicografado pela médium
Vera Lúcia Marinzeck de Carvalho
MAIS DE 1.600.000 EXEMPLARES VENDIDOS
Vivendo no Mundo dos Espíritos
Patrícia
Vera Lúcia Marinzeck de Carvalho
A Casa do Escritor
Ditado pelo Espírito
Patrícia
Psicografado pela médium
Vera Lúcia Marinzeck de Carvalho
O vôo da Gaivota
Narrativa espiritual de
Patrícia
Psicografia de
Vera Lúcia
Marinzeck de Carvalho
petit